AF240901

PITCAIRN
Les révoltés du *Bounty* vont disparaître

Olivier Goujon

PITCAIRN
Les révoltés du *Bounty* vont disparaître

Max Milo

© Max Milo, Paris, 2021

www.maxmilo.com

ISBN : 978-2-315-00831-5

À Nessa et Giorgio

Prologue

Et soudain, après quarante ans d'attente, voici que Pitcairn jaillit d'une aube bruineuse et blême.

Le vent est piquant. Il faut se tenir au bastingage pour ne pas être baladé par la houle. «Est-ce que Pitcairn va vraiment mourir?», pensé-je en embrassant du regard l'île de légende. Au vrai, la bonne question serait plutôt : quel miracle, quelle force tellurique, quelle diablerie de l'abîme du temps peuvent bien encore tenir le plus petit peuple du monde debout sur son cruel caillou? Comment neuf marins damnés et une poignée de Polynésiens ont-ils réussi à fonder une microsociété capable de traverser quatre siècles de tempêtes, de guerres, de naufrages et d'oubli?

Aujourd'hui, en 2021, les vieux de Pitcairn meurent par poignées et les enfants sont déjà partis. Le poisson devient rare. Les immenses *liners* Trans-Pacific ne s'arrêtent plus; encore un peu les baleines, mais on ne peut plus les chasser. Et puis il y a le covid, le *Brexit*, l'ennui de la vie, les charmes d'Auckland et de Tahiti...

Surtout, il y a l'Affaire, la balafre à la face du mythe, le cataclysme des années 2000 qui les révéla au monde et dont ces fils de mutins continuent de payer les intérêts! Il y a... «l'Affaire», dantesque bourrasque jaillie du bas de l'âme et du ventre des hommes pour tout emporter, leur vie et le souvenir de leur vie. Avec les enfants violés de Pitcairn a fini de s'abîmer la légende d'un peuple et d'un lieu. Est-ce qu'on survit à tout ça? La plus petite communauté démocratique du monde qui fit voter les femmes cent ans avant l'Europe a-t-elle un avenir? Pour les diplomates, les juges, les démographes, les politiques, les moralistes et les anthropologues, la réponse est écrite : c'est non. Bien sûr. Bien sûr que non.

Du haut de leur falaise de jungle et de caillou, les derniers quarante pirates de Pitcairn[1], eux, regardent l'horizon plat et bleu, par-delà la baie où leurs ancêtres brûlèrent la *Bounty*, et disent : « On n'est pas encore morts. »

---

1. Pitkern ou Pitcairn, Pitcairner ou Pitkerner... selon qu'on utilise l'anglais ou la langue de l'île, créolisée à partir de l'anglais du XVIIIe siècle, et du tahitien. Dans l'île, les habitants utilisent l'une ou l'autre langue, l'une ou l'autre graphie.

I.
Il faut savoir mériter Pitcairn

12 avril 2012, océan Pacifique, 25°04′04″ latitude sud, 130°06′16″
longitude ouest

Le *Claymore II* a lâché les quais d'Auckland depuis deux semaines, mais je suis monté à bord il y a trois jours seulement, à l'escale de l'archipel du Gambier. Une fois par semaine, un vol de cinq heures relie l'île mère de Mangareva, bout du monde empalmé et turquoise, à Papeete, capitale de la Polynésie française. Depuis trois jours et deux nuits, nous prenons par le travers une houle longue et fastidieuse qui roule sans obstacle depuis les rives glacées de l'Antarctique. À bord, la vie se déroule entre la cabine qui sent le mazout parce qu'elle est située à côté de la machine (ce qui indispose violemment Tom, un lord anglais à l'estomac fragile avec qui je partage l'habitacle), le carré où les marins descendent se reposer après leur quart, la salle à manger où un cuistot fidjien sert un rata fidjien matin, midi et soir, et la passerelle où j'essaie d'apercevoir les baleines bleues qui remontent du cap Horn, mais où, le plus souvent, je n'aperçois qu'un horizon liquide et silencieux.

Au terme d'une navigation proprement éreintante, nous touchons au but. Mais hier, le capitaine n'était pas encore convaincu qu'un débarquement serait possible. Un gros coup de chien nous arrivait droit devant depuis les côtes chiliennes. Ce matin, il est plus optimiste. Le coup de chien chilien va passer un peu au nord. Moi aussi je suis optimiste, parce que de larges rubans bleuâtres effilochent le ciel. Les vagues sont moutonnées et lourdes, mais la houle est basse. Et surtout parce que j'ai la certitude que rien n'arrête plus un rêve quand il est si près de s'accomplir, ni les vagues du pôle Sud ni les chiens du Chili.

Au moment où Pitcairn est sorti de la nuit, j'ai repensé à la nouvelle télévision couleur trônant pimpante au milieu du salon du capitaine Goujon. Nous étions en 1972, à quelques jours de Noël, et la deuxième chaîne de l'ORTF donnait un film d'aventures de Lewis Milestone avec Trevor Howard et Marlon Brando, *Les révoltés du Bounty*[2]. Deux heures trente et quarante ans plus tard, alors que le *longboat* cherche la lame qui nous déposera comme une fleur à l'abri bancal du seul môle de l'île, je me sens glorieux comme Surcouf prenant le Kent, alors qu'advient ce moment béni par tous les Tikis du Pacifique où je manque enfin perdre la vie, sautant à la

---

2. C'est le plus célèbre des films tournés. Le film a été un échec commercial, notamment à cause du budget énorme pour l'époque de 28 millions de dollars qui nécessita la construction d'un bateau ou l'acheminement de sable blanc pour cacher le sable volcanique de Tahiti... Mais il s'est peu à peu imposé, grâce à la télévision et à l'aura grandissante de Marlon BRANDO. Outre le film de Lewis MILESTONE, de 1962, il existe un beau film tourné en 1935 par Frank LLOYD avec Clark GABLE et Charles LAUGHTON, plus près de la réalité historique, jouant mieux sur les ambiguïtés du capitaine Bligh et les faiblesses, voire la lâcheté, de son second Fletcher Christian, ainsi qu'un film tourné en 1984 par le Néo-Zélandais Roger DONALDSON, avec Mel GIBSON, beaucoup moins bon que celui de Marlon BRANDO. Le premier de tous a été réalisé par Charles CHAUVEL en 1933, *In the wake of the Bounty*, avec Eroll FLYNN dans le rôle de Fletcher.

faveur d'une vague haute sur le quai savonné par le sel et l'âge de l'île de Fletcher et Adams.

Mon île au trésor.

C'est que ne vient pas ici qui veut! Pitcairn est un Graal qui se mérite. Rien moins que le lieu habité le plus reculé de la planète. Pas d'avion, trop loin pour les hélicos, pas de port, pas de croisières, pas de route commerciale… S'y rendre n'est pas mission impossible. Mais presque. L'île est un caillou de jungle et de granit, battu par les vagues et les pluies, à trois jours de mer de la première terre habitée, à l'ouest, Mangareva et ses déjà bien solitaires huit cents habitants. Vers le levant, il faut compter 1000 miles et dix jours au moins avant d'apercevoir les géants de l'île de Pâques, et encore 2000 pour le cap Horn. Au sud, plus de 2000 miles pour Chatham et presque 3000 pour la Nouvelle-Zélande… Mais la distance ne dit que la barrière du temps et de l'espace, il y a aussi celle des hommes et des lois. Avant de débarquer ici, remplir un dossier, puis un autre, attendre quelques années, obtenir une pré-autorisation puis – peut-être – une autorisation de séjour du Conseil de l'île, réserver – très cher – une cabine au mazout sur le *Claymore*[3], seul cargo à assurer la liaison une dizaine de fois par an; attendre le passage du *Claymore* sur les plages du Gambier (évidemment, ce n'est pas le plus dur), embarquer, patienter en lisant Jules Verne[4], Mark Twain[5] et Jack London[6], supporter le riz aux haricots rouges des îles

3. Le *Claymore II* est un cargo sous pavillon néo-zélandais qui assure cinq à six doubles rotations par an entre Auckland et Pitcairn, via Mangareva. La double rotation signifie qu'il fait un aller-retour supplémentaire entre Mangareva et Pitcairn. Le trajet total est donc : Auckand, Mangareva, Pitcairn, Mangareva, Pitcairn, Mangareva, Auckland. Chaque rotation dure soixante jours environ. Le prix d'un passage Mangareva Pitcairn est de 5 000 $ NZ (3 000 € env.)

4. Jules VERNE, *Les révoltés de la Bounty*, Librio.

5. Mark TWAIN, *La grande révolution de Pitcairn*, in *Contes choisis*, 1905.

6. Jack LONDON, *La Descendance de McCoy*, Gallimard, 2016.

Fidji, le vomir si l'on est un lord anglais, et enfin débarquer... si le temps le permet, sur le caillou pointu de l'aventure des mutinés de la *Bounty*. Aller à Pitcairn est un voyage au long cours, un périple au bout de soi. On n'y vient pas chercher la paix mais la vie, le secret de l'état de nature et le mystère des hommes perdus pour le monde des hommes !

À bord, j'ai bien vite fait connaissance avec d'autres doux dingues. Joy est venue des îles Marshall pour étudier les papillons rares de Pitcairn. Frédérique et Christian sont des scientifiques français de Nouvelle-Calédonie en mission d'observation... Et puis il y a Bill, le dentiste qui vient de San Francisco – chaque année le centre de recherche sur les îles Pitcairn de l'université adventiste de Californie envoie un dentiste durant deux mois pour arracher les molaires des pirates. Enfin, il y a Tom, mon lord anglais qui mène le classement d'un concours que seuls les lords anglais pouvaient inventer : il s'agit de récolter plus de cent visas sur son passeport en une année. Et comme Lord Tom pense qu'ils seront plusieurs à dépasser la centaine, les aristos-voyageurs seront départagés sur la rareté des visas... Sûr qu'un joli tampon Pitcairn avec la *Bounty* encrée pleine page vaudra son pesant de poudre à perruque... Tom craint particulièrement la concurrence malhonnête d'un Écossais qui a prévu de se rendre à Akrotiri, à Ascension et aux îles Sandwich...

À l'approche de l'île, le commandant kiwi a ralenti fortement la machine et mis le bateau à la cape[7] pendant quelques heures afin de « laisser passer les courants de la marée ». Il s'agit aussi d'évaluer

---

7. En navigation, mettre à la cape consiste à adapter l'allure du bateau au courant et au vent pour réduire au maximum le tangage. La plupart du temps, il s'agit de prendre les vagues de face à une vitesse à peine supérieure au courant pour que le bateau soit manœuvrant, et donc pas balloté, tout en n'étant jamais pris de travers par les vagues longues. L'exercice est particulièrement périlleux à Pitcairn en raison des courants et du vent forts et changeants.

la situation et de choisir une fenêtre entre deux grains pour s'approcher dans les meilleures conditions. Deux options, m'explique-t-il alors, s'offrent au navigateur ayant perdu le sens commun au point d'espérer poser un pied sur cette montagne aiguisée et verte, quasi perpétuellement cerclée par en haut de nuages noirs et menaçants et, par en bas, de vagues bleues et menaçantes. La première, la plus fréquente, consiste à mouiller devant le «*Landing*» de Bounty Bay, exposé à la houle forte et au vent très fort. La seconde est plus rare et plus aléatoire encore, il s'agit de contourner l'île pour mouiller devant Western Harbour, exposé à la houle forte et au vent très fort, mais dans l'ouest, «ça dépend juste d'où vient le vent très fort», a précisé le seul maître à bord après Neptune dans un éclat de rire océanique. Ingénument, je demande à mon capitaine comique si la nature n'avait jamais offert une troisième option qui envisagerait qu'on débarquât à Pitcairn... par beau temps et mer calme. «Oui, oui bien sûr, c'est arrivé une fois, l'année dernière».

Pour aujourd'hui, nous sommes devant le *Landing*, Bounty Bay. Par le hublot, j'aperçois par intermittence – c'est-à-dire à chaque fois qu'il rejoint un point d'équilibre sur la crête d'une vague haute comme un immeuble du XIe arrondissement – le *longboat*, le bateau commun de l'île, qui vient à notre rencontre. À son bord, trois pirates et une policière en tenue de policière. En quelques minutes, la petite troupe est sur nous, un pirate arrime solidement la longue embarcation de ferraille à couple du *Claymore* et grimpe à bord. Les trois pirates sont tatoués et chaleureux. La policière c'est Brenda. C'est la seule fois que je la verrai en tenue. Elle est en charge des formalités d'entrée sur l'île. Tout est normalement réglé en amont puisque le Conseil de l'île est, seul, habilité à décider, par-delà même la loi britannique, qui peut ou ne peut pas mettre le pied sur le terrain glissant de Pitcairn. Le travail de Brenda consiste donc à vérifier la correspondance de sa liste et des identités fournies à l'instant. Il est déjà arrivé que des voyageurs se voient refuser l'accès à l'île. Dernier en date, John Bolger, un fameux reporter de la BBC qui n'avait pas obtenu l'autorisation préalable du Conseil de l'île[8]. Les pirates n'aiment pas beaucoup les journalistes. Brenda s'installe dans le carré pour récupérer les passeports des arrivants et plaisanter avec le capitaine, qu'elle connaît, semble-t-il, de longue date. Au-dehors, les hommes déchargent la cargaison du *Claymore* qui est destinée à l'île. Devant Brenda, le premier à se présenter pour faire tamponner son passeport est mon voisin de chambrée, lord et vomisseur.

Les formalités enfin effectuées, l'équipage salué – nous nous revoyons dans quinze jours – et remercié – cuistot fidjien compris – il s'agit maintenant pour notre petite troupe de dégringoler l'échelle de coupée et de tenter de prendre place sur le *longboat*. C'est le moment que choisit une lame traîtresse pour brinqueballer notre équipage. Tom tombe sur Brenda qui tombe sur Bill. Et voilà la malle de dentisterie à l'eau qui coule à pic. Les pirates se marrent comme des baleines. Bill crie. Brenda aussi. Tom manque vomir. La première, Brenda reprend ses esprits. En un tour de main, elle évalue les dégâts, s'assure que les blessures ne sont que d'amour-propre, cale Bill et Tom sur les grosses membrures et promet qu'elle enverra les trois rigolards récupérer la caisse dès qu'on aura débarqué tout le monde. Nous accélérons le train. Les pirates entassent nos valises à l'avant avec le reste des caisses et

---

8. Au moment des procès, le 12 mai 2004, le reporter vedette de BBC1, John Bolger, a tenté d'accoster l'île à bord d'un voilier de plaisance spécialement affrété par la chaîne sans avoir fait de demande préalable auprès du Conseil de l'île. La BBC en a été pour ses frais, le maire de l'île et deux de ses fils ont remis le contrevenant dans son bateau et l'ont surveillé jusqu'au lendemain pour vérifier que son bateau appareillait avec l'importun à bord.

des ballots sortis de la cale du *Claymore*, puis ils recouvrent le tout d'une gigantesque bâche orange. Le plus tatoué des trois (c'est mon futur copain Pawl) prend la parole : « Tenez-vous bien aux bancs et aux bordés, et ne vous inquiétez pas si nous revenons en arrière, car on ne peut rejoindre le quai qu'en surfant sur une vague haute, sinon on touche, donc ça va secouer un peu.

— Plus que maintenant ? demande Tom.

— Oui, répond Pawl ».

Dont acte. Ça secoue. Mais nous arrivons – en morceaux – sur le quai, au bout de seulement deux tentatives. Il faut bien la chaleur de la population groupée sous le grand panneau d'accueil « *Welcome on Pitcairn Island* » pour nous remettre tous d'aplomb.

La cohue commence dès que les premiers ballots sont déchargés, les Pitcairners sont accueillants et pagailleurs. Chacun cherche son tas dans les tas qui s'amoncellent de commandes passées le mois dernier. Et puis, il y a les paniers d'osier du « frais », l'épicerie destinée au magasin général : bananes, oranges, kiwis, sodas... Au milieu de ce charivari, il faut aussi pour chacun des visiteurs trouver son hôte. Évidemment, il n'y a pas d'hôtel sur l'île et, à chaque visite touristique ou non, c'est le Conseil de l'île qui assigne les lits et répartit les hospitalités. Tout à ma béatitude d'être là et vivant, je mets un long moment à m'apercevoir que je suis le destinataire du sourire replet et interrogateur qui m'arrive entre deux énormes paniers de noix de coco. Autour du sourire, une jeune femme petite qui tient à deux mains un écriteau de carton sur lequel s'inscrit au feutre de boucher « Oliver ». Je suis le seul Oliver de la traversée. Darralyn m'embrasse comme un père son fils prodigue avant le covid. Elle me présente rapidement son mari Turi qui me cherchait à l'autre bout du quai. Comment a-t-elle deviné que j'étais l'hôte qui lui avait été assigné par le Conseil de l'île ? « Mais je savais que tu étais français!» Bien sûr. Nous prenons place tous les trois avec mon sac, un grille-pain, deux filets de bananes séchées, un ordinateur portable et une énorme caisse de Coca-Cola sur le quad familial. Autrefois, le véhicule le plus usuel de Pitcairn était la brouette à bras. Adaptée à tous les terrains, elle permettait le transport des marchandises et parfois des femmes et des hommes!

Darralyn et Turi vivent dans la «banlieue» d'Adamstown m'expliquent-ils dans un éclat de rire... alors que nous traversons la petite capitale et unique village de l'île. À droite, le magasin général. «Il faudra apprendre les horaires d'ouverture, me dit Turi, c'est compliqué et complètement illogique». À gauche l'église, la place, la mairie et la salle commune! De là partent quelques sentiers vers de jolies maisons en bois peint, entourées de jardins et parfois de petits potagers. N'étaient les varangues et les terrasses couvertes qui précèdent chaque cottage, on pourrait croire à quelque décor champêtre d'Angleterre. En contrebas, la plus belle maison est celle de la Haut-Commissaire-gouverneure. Mais elle n'est jamais là. Quelques minutes encore et le «home» de Darralyn's family apparaît, enchâssé dans un écrin de jacarandas et de flamboyants fleuris, une bâtisse carrée et basse, murs blancs, toit de tôle rouge, avec une longue varangue où il doit faire bon paresser sur l'un des deux rocking-chairs. Un petit coin de paradis. De paradis perdu, pensé-je.

C'est la fin de la matinée, l'électricité ne fonctionne pas. Elle n'arrivera que vers 16 h. Internet aussi, qui fonctionne au ralenti. Comme toute l'île. Au milieu de rien, le temps se mesure plus doucement sans doute.

Darralyn est responsable des approvisionnements de l'île. Et boulangère, c'est-à-dire qu'elle décongèle[9] chaque jour 10 kg de

---

9. Les maisons ont de petits groupes électrogènes d'appoint pour assurer la continuité du froid dans les congélateurs.

pâte qu'elle répartit, roule et enfourne avant d'amener le fruit cuit de son travail au magasin général, tout « en faisant bien attention aux horaires illogiques », ajoute Turi. « Tout le monde a au moins deux jobs ici, c'est le Conseil qui les distribue ». Turi, lui, n'a pas de job fourni par le Conseil, mais il est autorisé à pêcher. Il est donc pêcheur. Turi vient des îles Cook, il est l'un des très rares non-descendants de Fletcher à être inscrit comme résident de l'île. Il y a aussi Vaine-Peu, le mari de la sœur de Darralyn, Charlene. Et puis Mike Lupton, qui a épousé Brenda, la policière, en Angleterre avant de se laisser séduire par l'idée de venir vivre dans l'île.

Comme il n'y a pas encore de courant électrique et qu'on ne peut pas cuire le pain, Turi m'emmène faire le tour de l'île. « Tu vas voir, c'est beau, mais c'est quand même rapide », précise-t-il.

L'île de Pitcairn, la seule habitée d'un archipel très épars qui porte le même nom, est une montagne de 6 km² qui culmine à 288 mètres. Un petit sentier grimpe à travers la forêt et des plantations de goyaviers ou de papayers, jusqu'au sommet, Highest Point. C'est un but de promenade et de pique-nique pour les Pitcairners. De Highest Point, la vue porte à l'infini vers les quatre points cardinaux sans accrocher jamais le moindre soupçon de terre. À droite, une crête de verdure et de caillasse longe la côte ouest pour venir surplomber une falaise creusée d'une immense grotte ouverte en triangle, comme un trou dans l'île que j'avais remarqué ce matin depuis loin sur la mer : c'est la grotte de Fletcher où il aimait, dit-on, venir méditer sur les mauvais contours de l'âme humaine, au pire des « guerres de Pitcairn ».

C'est là aussi que Steve a violé Jennifer. Et Dave, Darralyn.

Sous Highest Point, la côte ouest est parfois abritée. On y aperçoit les baleines en août. Un joli sentier y mène à travers les immenses frondaisons des banyans. Deux tortues, qui n'ont plus de sauvage que l'idée qu'elles n'appartiennent à personne, s'y cachent encore et « évidemment c'est interdit de les tuer ». Il n'en va pas de même des cabris qui s'égaillent le long des falaises herbues qu'on grimpe à grand peine pour rejoindre la crête. On apprécie leur chair et c'est même la seule source de viande sur l'île... « à part le bateau qui amène le corned-beef australien ».

La côte est est plus farouche encore, ouverte aux déferlantes d'Amérique et d'Antarctique. McCoy et Quintal s'y réfugièrent après avoir été exclus de la petite communauté d'Adamstown pour le meurtre de la fille et de la femme de Mill...

Un peu plus bas, sous les prés tombants de terre volcanique, se dressent les récifs acérés de Saint-Paul's Pool, l'un des plus beaux endroits de l'île, effondrement volcanique naturel protégeant des hautes vagues du Pacifique, une sorte d'enclos marin, comme une piscine turquoise sans cesse alimentée par la mer, mais rarement soumise à ses turbulences, sauf en cas de tempête quand les hautes vagues débordent largement tout l'édifice. « On s'y est déjà noyé », me prévient Turi. Au sud, la côte n'est plus qu'une enfilade de précipices plus ou moins verticaux qui tombent sur des brisants d'un noir d'obsidienne, sans cesse battus par les flots. C'est là que McCoy se jeta à la mer. Personne n'y va. Beaucoup d'endroits de l'île ont été nommés en fonction des drames qui s'y sont déroulés et les sentiers en portent parfois les indications : Minnie's death est un dangereux promontoire qui surplombe Aute valley, de là, on aperçoit la falaise Where Dan fell, bordée par le vertigineux sentier Oh dear...

Il est l'heure de rentrer en ville. À Adamstown, un petit musée présente les quelques restes de la *Bounty*, « mais il n'y a pas grand-chose parce que tout le monde a été surpris quand Quintal a brûlé le bateau, il n'a prévenu personne, et les mutins n'ont presque rien emporté à terre, enfin tu verras il y a beaucoup de versions de ça aussi ». Je verrai. À Pitcairn, il y a beaucoup de versions de tout. Au musée, on trouve aussi les collections de timbres qui ont fait un temps la richesse de l'île, les collectionneurs du monde entier s'arrachant à prix d'or les timbres de l'île, parmi les plus rares du monde. « Aujourd'hui, m'explique Turi, plus personne ne collectionne les timbres parce qu'on n'envoie plus de lettres, alors on vend des noms de domaine Internet, mais ça marche beaucoup moins bien. Qui est prêt à payer quelques milliers de dollars pour avoir la chance d'arborer la finale PN sur son adresse électronique ? » Il faudra quand même que je présente Tom à Turi.

De la HMS *Bounty* qui faisait l'orgueil de la marine anglaise avec ses trois mâts et 215 tonneaux, il reste aussi un canon de pont, qui trône désormais en plein air, juste devant l'entrée de la petite propriété de Darralyn et Turi... et quelques clous ou ferrures qu'on peut trouver de temps en temps sur les sentiers ou dans les prés, ce qui démontre que les hommes avaient quand même pu descendre quelque matériel. Devant le *Landing*, on peut également plonger et apercevoir, plutôt deviner, quelques membrures désormais enchâssées dans des agrégats de roche et de coquillages, « mais il faut que le temps soit clair et la mer calme, donc c'est rare », croit bon de préciser Turi... En 1960, pour les besoins du film de Lewis Milestone[10], on construira une réplique de la *Bounty*[11]... qui ira elle aussi au fond de l'eau, au large de la Caroline du Nord en 2012.

Sur l'île, la répartition des rôles et des emplois est assurée par le Conseil de l'île, élu tous les quatre ans par le collège entier des habi-

---

10. *Les Révoltés du Bounty*, film de Lewis MILESTONE, avec Trevor HOWARD et Marlon BRANDO, MGM, 1962.
11. Cette réplique à l'identique sera également utilisée dans *Pirates des Caraïbes*, de Roger DONALDSON en 2009, avec Johnny DEPP et Keith RICHARDS. Elle sombre le 29 octobre 2012 au large de Jacksonville (N.C.), emportée par l'ouragan Sandy. On déplore deux morts.

I. Il faut savoir mériter Pitcairn

tants majeurs, femmes et hommes. Dix conseillers, sous l'autorité d'un maire désigné à la présidence tournante, régissent la vie de Pitcairn. De l'autorisation d'immigrer dans l'île à celle de conduire un quad, tout passe par eux. Ce fonctionnement, sur le modèle de certains comtés américains, fait de Pitcairn la plus petite et l'une des premières entités démocratiques du monde, et, pour toujours, la première à avoir accordé le droit de vote aux femmes[12], plus d'un siècle avant l'Europe.

Pitcairn est une société patriarcale paradoxale. Les femmes qui y ont été amenées l'ont été de force – sauf sans doute Maimiti, l'épouse de Fletcher, dont on suppose, sans être sûr, qu'elle a suivi son mari de son plein gré. Si elle l'a fait, c'est une preuve d'amour et un acte de courage qui s'ajoute à la douleur de quitter les siens et au risque de ne jamais les revoir, puisque Maimiti en tahitien signifie... «malade en mer»! Pour autant, les femmes s'y situent, dès l'origine, dans une forme d'égalité relative avec les hommes, jouant aussi un rôle essentiel quand ceux-ci se seront entretués. Est-ce dû à l'hostilité du lieu? Probablement, si l'on en croit les enseignements récents des collapsologues qui, dans la lignée des études de Pablo Servigne[13], établissent que là où la survie est une nécessité, l'entraide prime sur les enjeux de domination. Quand il s'agit de créer les bases structurelles et originelles, de répondre immédiatement aux besoins de nourriture et d'abri, le patriarcat cesse, pour un temps, d'être sinon un argument d'organisation communautaire, du moins un enjeu social prioritaire.

---

12. Les femmes votent à Pitcairn depuis la première élection.

13. Dans *L'entraide, l'autre loi de la jungle*, Les liens qui libèrent, 2017, le chercheur en agronomie et biologie, Pablo SERVIGNE, estime, contrairement à l'intuition anthropologique préexistante, que les hommes et les femmes, confrontés à des crises extrêmes mettant leur existence en jeu, tendent à s'entraider parce que la survie individuelle n'est plus possible.

Il sera toujours temps, quand l'échafaudage de la survie dans l'île sera consolidé, de ne plus penser qu'à l'abattre à grand renfort de schémas patriarcaux ancestraux de domination et de coups de gourdin sur la tête. Par exemple, les hommes – anglais et donc naturellement supérieurs aux polynésiens[14] – s'empresseront de reproduire dans l'île la société européenne qu'ils connaissent, et ses perversions les plus ancrées, privant notamment les Tahitiens de terres et... de leurs compagnes.

Nous arrêtons le quad devant le magasin général – « il ne devrait pas être ouvert à cette heure-là, c'est n'importe quoi » – pour refaire le plein, puis Turi nous ramène à la maison par le sentier des banyans. Darralyn a fait du pain. Il fait doux. Le soleil est haut et la mer calme. Mais ça ne va pas durer.

---

14. Et au reste du monde.

II.
« Bloody hell, cette île n'aurait jamais dû être là ! »

15 janvier 1790, océan Pacifique, 25°04'04" latitude sud,
130°06'16" longitude ouest

« Bloody hell[15] ! Cette île n'aurait jamais dû être là ! ». Debout sur la dunette du gaillard arrière de la *Bounty*, Fletcher Christian scrute à la longue-vue l'île qui surgit à l'horizon d'une aurore capricieuse. Pas de doute, c'est Pitcairn. Mais que fait-elle par cette longitude ? Sur sa carte, elle figure au moins 100 milles[16] plus au nord ! Alors il se trompe. Pourtant, les documents de la *Navy* n'indiquent aucune autre île dans les parages, pas même un caillou émergé avant Rapa Nui[17], l'île des géants, loin dans l'est... Et soudain, la méprise lui saute aux yeux. S'il ne se trompe pas, c'est donc sa carte qui se trompe... Pitcairn est bien là sous

---

15. Littéralement « enfer sanglant », la traduction la plus proche communément admise est : « bordel de merde ! »
16. Un mille nautique (*nautical mile* en anglais) = 1 852 mètres.
17. Rapa Nui, nom polynésien de l'île de Pâques.

ses yeux, mais elle est mal cartographiée par le bureau général des Cartes de Portsmouth, qui la situe au moins 2 degrés plus au nord. Immédiatement, le fuyard comprend le parti que ses camarades de cavale et lui-même peuvent tirer de cette bévue de l'administration royale! Si sa carte indique un emplacement erroné pour Pitcairn, alors toutes les cartes de la marine anglaise se trompent également, y compris celle qu'utiliseront les bateaux anglais lancés à leur poursuite... Quelle aubaine! Il faut débarquer.

C'est bien peu dire que Pitcairn est inhospitalière. Mais cette hostilité infernale sera justement la chance de leurs âmes damnées! Leur refuge terrestre avant d'affronter la punition divine qui les attend certainement tous! L'île semble si petite, perdue au milieu du plus grand océan du monde... S'ils réussissent à cacher le navire au fond d'une anse et à s'établir dans l'une des vallées qu'on devine entre les pics de roche, ils seront invisibles, même à un caboteur qui longerait la côte. Il sera temps alors, dans quelques semaines, requinqués et apaisés, de prendre une décision : repartir? Tenter de gagner l'Amérique? Retourner à Tahiti, se rendre à l'Anglais et implorer pardon? Ça non, ils n'auraient aucune chance... Las, pour l'instant les rocailles abruptes de leur île du salut semblent les défier de toute leur effrayante silhouette. À première vue, abriter la *Bounty* des yeux du monde et de la houle du Horn ne sera pas une tâche aisée. Les mutins contournent l'île deux fois, au plus près des falaises et des plages de galets. Fletcher et ses hommes se contenteraient même d'un enfoncement fermé par une palmeraie comme il y en a tant dans les îles du Pacifique, « aux Marquises, par exemple », dit McCoy qui a traîné sa pipe d'écume et son œil fermé chez les mangeurs d'hommes de Nuku Hiva! Il suffirait alors de coucher la brave frégate sur la vase, les mâts nus se confondraient avec les palmes, « au besoin, ajoute Adams, on démâtera le navire et on l'encerclera de troncs et de palmes qui le déroberont à la plus sagace lunette de la marine royale » ... Faut-il donc qu'ils aient attrapé la seule île du sud sans abri ? Rien, l'île n'a ni ria ni fjord naturel au fond duquel mouiller ou échouer la longue coque[18]. Pitcairn est une montagne bordée de murs sans crevasses. Tout juste, au nord, Quintal a-t-il repéré un arrondi liseré de gros galets où l'on pourra sans doute accoster. Mais, même en abattant les mâts, le vaisseau pirate ne pourra échapper aux longues-vues de bateaux de passage ou d'éventuels poursuivants... et surtout à Bligh, qui ne trouvera de paix – s'il est vivant, mais ce diable est increvable – qu'au spectacle des mutins gigotant à la grande vergue ! « Que n'a-t-on désobéi à cette poule mouillée de Christian », pensent les hommes. Il s'est laissé attendrir par le sort de son capitaine[19], alors qu'il fallait jeter cet homme aux requins plutôt que de lui laisser vivres et sextant, hommes et chaloupe, qui lui serviront probablement pour rallier quelque port colonial, puis l'Angleterre ! Ce n'était pas le temps de la pitié ! En aura-t-il lui de la pitié quand il aura touché terre ? Non, il n'aura de cesse d'armer à nouveau pour revenir châtier

---

18. La *Bounty* mesure 27,5 mètres pour 6 de large, 215 tonneaux.

19. Selon le journal du lieutenant Fryer, qui fut dégradé par Bligh lors du voyage aller au profit de Christian, mais témoigna quand même sa loyauté à la Couronne et à son capitaine en choisissant d'embarquer avec lui dans la chaloupe, les derniers mots de Bligh à Christian furent : « Reprenez-vous Christian ! Allez-vous faire des quatre enfants que je laisse à Londres des orphelins ? Je vous rappelle que vous les avez fait sauter sur vos genoux ! » Fléchissant et presque prêt à renoncer à la révolte, Fletcher répondit : « C'est ce qui me hante, voilà pourquoi ma vie sera désormais un enfer ».

II. « Bloody hell, cette île n'aurait jamais dû être là ! »

les révoltés[20]! Fletcher est un lâche, les hommes ont eu dix fois l'occasion de s'en apercevoir quand il n'osait rapporter à Bligh les complaintes des hommes, quand il s'obstinait avec lui au cap Horn devant le dernier rocher d'Amérique, par crainte seulement d'énoncer un avis contraire à celui de son capitaine... Et puis, une fois la mutinerie consommée, quand il parut devant eux, aux prises avec des hoquets et une véritable crise de larmes, quelle figure honteuse devant Dieu et les hommes! Lui, Fletcher Christian, ne les contredirait pas, il se connaît, indécis que les événements bousculent; il a choisi la marine pour plaire à sa mère autoritaire bien plus que pour l'aventure, qu'il craint... Au fond, il est incapable de «garder un cap». D'ailleurs, le capitaine Bligh le lui a assez répété l'exhortant malgré tout, avec les égards de leur classe, à lutter contre cette «paresse de la volonté», cette «lâcheté» qui l'empêchait de «dominer sa vie», «de devenir un homme»... Et voilà qu'encore ballotté et hésitant, c'est la vie qui le domine. Quoi faire? Où aller? Une révolte, c'est une voie sans retour. Aussitôt, alors que les

---

20. Le 27 avril 1789, la *Bounty* a appareillé depuis quelques semaines à peine, chargée d'arbres à pain à destination des plantations de coton de Jamaïque, quand une dispute éclate entre le second Fletcher Christian et son capitaine William Bligh. Le jeune commandant suspecte son ancien ami d'avoir dérobé des noix de coco et s'apprête, dès le lendemain, à faire fouetter des marins pour ce larcin. Dans la nuit, Fletcher, qui pense d'abord à se jeter à l'eau avec un radeau, se laisse convaincre par le lieutenant Steward de prendre la tête d'une rébellion. Sans qu'une action concertée ait été véritablement étudiée au préalable, il rallie des hommes qui rêvent de revenir dans les îles-Sous-le-Vent et déclare la mutinerie. La plupart des hommes voudraient noyer Bligh, mais Fletcher Christian demande, « au nom de leur amitié passée » ou peut-être de peur d'aggraver son cas, qu'on lui laisse une chaloupe et des vivres, et invite ceux qui s'opposent à la révolte à rejoindre leur capitaine. Une vingtaine d'hommes s'entassent alors dans la frêle embarcation. Au terme d'un voyage de 4 500 miles et quarante et un jours (plus de 8 000 km) qui reste un exploit dans les annales de la marine, William Bligh touchera un port hollandais de l'Indonésie puis l'Angleterre avec l'ensemble des hommes, moins le marin John Norton, tué par les flèches des Naturels de l'île de Tafua, où les naufragés tentèrent de débarquer. Rejetés à la mer alors qu'ils pensaient être sauvés, ils durent encore patienter plusieurs jours avant d'entrer à l'aviron sous les regards incrédules des badauds dans le port de Batavia.

événements semblaient s'accomplir en dehors de lui, il a pensé :
«Sang Dieu, une mutinerie? Mais qu'ai-je fait?» Il n'est pas entré
dans sa vingt-cinquième année et voilà sa vie déjà gâchée! Sûr,
il ne reverra jamais l'Angleterre et la maison familiale de l'île de
Man! Et ensuite? Et maintenant, surtout? Que faire de la *Bounty*?
Où mener ces mutins? Une fois le capitaine Bligh immobilisé par
des cordages, il a quand même eu la présence d'esprit de dire aux
hommes qu'il ne fallait en aucun cas retourner à Tahiti. Las, la
tentation était trop forte, pour ces hommes simples, de retrouver le
goût du paradis où ils avaient passé plus de six mois et dont leurs
sens étaient encore tout emplis. On s'accorda pour mettre l'affaire
au vote : les voix en faveur d'un retour à Tahiti l'emportèrent largement. Alors Fletcher déclara qu'il ne resterait pas. Le risque était
trop grand. Ainsi, après y avoir relâché quelques heures et déposé
ceux qui le souhaitaient, il reprendrait la mer vers – il n'en doutait
pas – quelque infernal horizon, pour tenter de se mettre à l'abri de
la Marine royale. On discuta de nouveau. Craignant plus que tout la
division et la querelle maintenant qu'ils étaient livrés à eux-mêmes,
les hommes s'en remirent à leur lieutenant. On mènerait la *Bounty*
dans une autre île... L'incident fut l'occasion pour Christian de
reprendre un peu d'autorité sur les hommes : il avait lu, pendant la
descente de l'Atlantique, le récit de l'expédition que William Bligh
fit, dix ans auparavant dans les mers du sud avec le grand capitaine
James Cook, un compte-rendu sur l'île de Tubuai : un lagon riche,
des baies abritées qui semblent faciles à défendre, du soleil, des
palmes et une situation, dans l'archipel des Australes, qui l'éloignait
des routes commerciales de la Navy... Cook et Bligh n'y ont pas
accosté, mais Bligh lui a parlé des échanges cordiaux, en tahitien,
avec les Naturels venus à leur rencontre en pirogue. Il propose de
s'y rendre. La perspective enchante les mutins qui oublient Tahiti

---

II. «Bloody hell, cette île n'aurait jamais dû être là!»

aussi vite qu'ils l'ont désirée. On s'installera à Tubuai. C'est l'une des dernières îles connues du sud, mais elle n'est qu'à une semaine de mer de Tahiti, on pourra toujours y revenir au besoin... Les mutins ne croyaient pas si bien dire.

On rejoint donc Tubuai dans l'euphorie de la liberté, mais il faut déchanter en arrivant. À peine débarqués, lesdits Naturels les accueillent à coups de flèches et de bâtons... On trouve quand même un havre. On négocie un accès à une source. On finit par s'installer... Mais au bout de quelques semaines, il faut se résoudre à lever le camp. Les incidents et les disputes se multiplient. McCoy a brutalisé une indigène. Quintal a été attaqué en se rendant à la source. Il s'est défendu et a tué un homme. Les Maoris ont cerné leur plage, les contraignant peu à peu à se replier sur les chaloupes et la *Bounty*, ancrée à deux encablures du rivage.

Christian repense à la douceur des îles Australes. Une installation à Tubuai[21] ne les aurait pas coupés complètement des autres îles de la Société, tandis que Pitcairn... Cela ressemble de plus en plus à un voyage sans retour.

Ayant quitté Tubuai, on a mis cette fois le cap sur Tahiti, avec le plan d'y collecter des vivres, des animaux d'élevage et des femmes

---

21. Une deuxième version de la tentative d'installation à Tubuai prétend que les mutins y séjournèrent plusieurs mois avant d'être rejetés à la mer par les locaux. Il n'existe aucune trace aujourd'hui de leur présence à Tubuai. Enfin, une troisième version dit que les mutins tentèrent deux fois de s'installer à Tubuai, avec un retour à Tahiti entre les deux. Leur première tentative aurait eu lieu sans même repasser par Tahiti. Ils n'y seraient revenus que pour se ravitailler en cochons et chèvres. Ce ne serait qu'à l'issue de la seconde tentative d'installation que le groupe se scinda et que la majorité décida de rester à Tahiti alors que Fletcher et ses « dissidents » reprenaient la mer. Les témoignages des marins restés à Tahiti et emprisonnés par la suite nous apprennent que l'idée de l'installation à Tubuai serait née dans l'esprit de Fletcher Christian après avoir lu l'exemplaire du capitaine Bligh des expéditions de James Cook, qui évoque cette île de rêve à moins d'une semaine de mer de Tahiti. On peut trouver un récit détaillé de ces péripéties dans *La Bounty à Pitcairn* de Sébastien LAURIER, Éd. Zeraq, 2017.

avant de reprendre la mer et d'y voguer au gré des vents et des flots, à la fortune de Dieu ou d'une île abritée.

«Pour un marin, le danger vient de la terre», dit un vieil adage de pêcheur breton. Fixant l'île, Christian songe que cela n'a jamais été aussi vrai. Où qu'il se pose, son regard s'inquiète, ici les nuages chargés comme l'âme d'un évêque de France, là une jungle sombre et ployée par un vent sifflant, là encore l'écume jaillissant des brisants de Porphyre aiguisés comme des sabres d'abordage. Cette fois pourtant, il faut en finir, mettre pied sur le plancher des vaches. Les hommes sont à bout, de fatigue, de faim, de colère... Quintal et McCoy ont encore hier critiqué avec méchanceté la décision de lâcher Tahiti pour échapper aux représailles de l'Angleterre. Or il était, lui, Fletcher, le plus ardent à pousser au départ lointain et vite. Il pense toujours que c'est le bon choix, ou plutôt qu'il n'y avait pas de choix, mais ce voyage sans horizon doit maintenant cesser, sinon... les mutins vont se mutiner contre le chef des mutins! Sur les vingt-quatre marins révoltés qui s'étaient initialement emparés de la *Bounty*, voici désormais neuf mois, quinze ont refusé de s'embarquer à nouveau à l'escale de Tahiti, préférant attendre l'arrivée quasi certaine de Bligh[22] à Papeete, implorer son pardon et affronter la justice anglaise. Fletcher n'a pas de doute : si la

---

22. Les mutins de la Bounty ont une telle peur, mêlée de respect, pour le capitaine Bligh qu'ils ont abandonné dans une chaloupe, que la plupart pensent qu'il a pu en réchapper et qu'il se lancera à leur poursuite. En réalité, Bligh en réchappera bien et regagnera l'Angleterre en avril 1790. Il sera acquitté en cour martiale pour avoir perdu son navire, et réhabilité. Néanmoins, retenu par son procès, ce n'est pas lui, mais le capitaine Edwards, avec la frégate Pandora, qui se dirige vers Tahiti pour retrouver et punir les mutins. Touchant Tahiti en mai 1791, la frégate s'empare facilement des quinze mutins restés sur place, mais, ironie du sort, fait naufrage sur la route du retour, à peu près à l'endroit de la mutinerie. Les chaloupes avec les survivants suivront la même route que celle de Bligh pour rejoindre Batavia puis l'Angleterre. Les dix mutins survivants seront alors jugés. Seuls trois d'entre eux seront exécutés. Aux autres sera reconnue la contrainte d'avoir dû suivre Fletcher Christian.

Couronne les cherche, ceux-là sont déjà morts ou en route pour les pontons de Portsmouth[23] avant, sans doute, les gibets de Londres. Mais eux, les neuf autres qui se sont enfuis avec leurs femmes polynésiennes et une douzaine de guerriers saoulés au rhum la veille, ébahis de se réveiller quelques heures plus tard sur le bateau en fuite – il a bien fallu remplacer les hommes débarqués à Tahiti... Eux, survivront-ils ? Désormais, l'épuisement physique, le froid et les manœuvres dangereuses risquent vraiment de les abattre si on ne trouve pas un havre où revivre. Les guerriers polynésiens ont bien résisté. Ils sont de constitution puissante. Les femmes ont été courageuses. Et si toutes et tous accusent la fatigue, personne n'est décédé. Pourtant, les températures ont bien fraîchi à mesure qu'on descendait au sud... Sûr, personne ne tiendra bien longtemps maintenant... Fletcher lance un regard à Maimiti, sa femme qui fait des efforts pour masquer sa détresse et la fièvre qui la gagne depuis hier. Quel avenir auront-ils ? Lui en veut-elle encore ? Elle a accepté de le suivre dans cette aventure, mais elle sait bien que son projet était de s'installer à Tubuai sans elle, et qu'il n'est revenu à Tahiti que pour y chercher des animaux de garde, des cochons, des chèvres... afin de nourrir sa petite colonie. Ils ont pris la mer dans le chaos, cachant les hommes qu'ils emmenaient, fuyant l'hostilité des mères maories déchaînées. Mais Fletcher refuse de s'interroger trop avant. L'avenir est tellement incertain... Comme du reste de sa vie et de celle de ses compagnons, il adviendra bien de sa relation

---

23. Les pontons de Portsmouth étaient des prisons flottantes, d'anciens bateaux, des barges aménagées, ancrés dans la rade. Les prisonniers qui y étaient enfermés, souvent des corsaires malouins, y survivaient rarement plus de quelques semaines dans des conditions de froid, d'humidité, d'hygiène telles qu'elles conduisirent par exemple Thomas MOORE à les dénoncer. Le corsaire artiste peintre et écrivain Louis GARNERAY, qui fut notamment compagnon de Surcouf, raconte dans *Mes pontons*, Éd. La Découvrance, ses neuf ans de captivité.

avec la belle Tahitienne ce que la providence en décidera! Alors, d'un ample mouvement, il envoie la grande roue de la barre à droite toute. Cap à la côte, sur Pitcairn.

Prudemment, on mouille le fin vaisseau à bonne distance de la dépression de galets. Après quelques instants à observer la côte, on envoie l'une des deux chaloupes, l'autre suivra dès que les premiers débarqués lui feront signe que la voie est libre et sûre. Quintal et McCoy tirent sur les avirons. Adams est à la proue avec un mousquet, guettant tout mouvement suspect à terre. Fletcher, à la petite barre franche, essaie de maintenir l'embarcation légère dans le sens de la lame. Mais, à l'approche de la côte, les rouleaux sont bien trop puissants. La chaloupe grimpe une lame, déjauge, elle n'est plus manœuvrable. Soudain, une déferlante la prend par le travers, la propulse plusieurs mètres en avant de la grève, à toucher la rangée de mangrove qui talonne la falaise... McCoy et Fletcher sont restés dessus. Adams a roulé sur les galets. Quintal nage encore. Tout le monde est secoué, mais vivant...

Et voilà que les mutinés de la *Bounty* ont mis le pied sur l'île de Pitcairn.

III.
Aux sources du grand mythe, la genèse et les gauchistes !

12 juin 2012, Pitcairn Island, quelque part dans la banlieue
nord d'Adamstown...

C'est le crépuscule à Pitcairn. Je joue aux fléchettes avec Pirate
Pawl et son épouse, Sue O'Keefe, en buvant du rhum de Rarotonga
dans des dents de baleine blanchies à la graisse de phoque. Pawl
me raconte, mi-griot, mi-sérieux, l'épopée du débarquement des
mutins de la *Bounty* à Pitcairn en 1790.

Avec ses battoirs de Goliath, son crâne lisse et son corps peint et
percé, Pirate Pawl Warren est l'une des figures marquantes de la
petite communauté de Pitcairn. Ce n'est pas un descendant direct
des marins échoués dans l'île. Son ancêtre, Paul Matthew Warren
« est arrivé après la bataille ». Paul Matthew a été « beachcombé »[24]

---

24. Les « beachcombers », littéralement « peigneurs de plages » étaient des marins punis,
la plupart du temps pour vol ou insubordination, qu'on débarquait de force des ba-
leinières américaines et qu'on abandonnait sur une île déserte. Ils n'avaient plus qu'à
« ratisser » les plages pour y dénicher leur subsistance.

en 1810, une vingtaine d'années après l'arrivée des fuyards. Il n'a donc pas participé aux «guerres de Pitcairn», mais il a épousé la veuve d'un mutin et fait souche. «C'est un profiteur de guerre», plaisante Pawl.

Nous en étions restés au débarquement, plutôt au lamentable échouage de la chaloupe projetée sur les galets, plus ou moins à l'endroit où j'ai failli me rompre le cou ce matin : «De là, dit Pirate Pawl en vidant son fanon, ils font comme toi ce matin, à la différence qu'il n'y a pas de route en dur, mais de la mangrove et des pandanus piquants... Ils grimpent la falaise par la trouée de l'ouest et rejoignent l'endroit le moins escarpé et le plus stable de l'île, là où nous nous trouvons ce soir, Adamstown».

Adamstown est l'endroit le plus plat de Pitcairn, sur la côte la moins exposée au vent. Une légère remontée de terrain en bordure de la falaise dessine presque une vallée en arrière, les mutins comprennent donc tout de suite qu'ils seront à l'abri au creux de cette dépression. Une rivière y coule. La végétation arrête le vent, et le soleil y règne plus longtemps qu'ailleurs, car les pics qui portent de l'ombre sont loin en arrière, au sud. C'est bien le lieu idéal de l'installation.

Comme tout amoureux de la mer et des pirates, j'ai lu et relu la trilogie de Nordhoff et Hall, qui commença à transformer l'aventure scabreuse des marins révoltés de 1790 en un mythe presque aussi connu aujourd'hui que le voyage d'Ulysse, le sourire de la Joconde ou la mort de Che Guevara. Mais c'est bien autre chose d'entendre le récit de la voix claire et rigolarde d'une masse brute et amicale de 120 kg...

Pawl est revenu vivre à Pitcairn en 2010, après une très belle carrière de troisième ligne à Auckland. Mais il est né dans l'île. Il est de la famille. «D'ailleurs, ajoute-t-il, si tu n'es pas né ici, c'est vraiment difficile d'y survivre, pas tellement pour les conditions naturelles d'ailleurs... On en reparlera...

— Parfois, c'est difficile même quand tu y es né, non ? Pirate Pawl soupire, hoche la tête, remplit sa dent de rhum et souffle :

— Yep, ça, c'est Pitcairn. »

Arrivés dans l'île en 1790, les mutins s'y abriteront des regards et des navires de la marine anglaise jusqu'en 1808, date à laquelle le *Topaz*, un navire de plaisance américain, y fera escale un peu par hasard. Persuadé de trouver l'île déserte, le capitaine Mayhew Folger comptait y refaire ses provisions d'eau de source et de fruits sauvages. Il passera deux jours dans l'île en compagnie de « la grande famille Adams » qui regroupe les survivants de ce que Pawl désignera ironiquement, une heure et une bouteille de rhum plus tard, « la grande guerre de Pitcairn ». Les Pitcairners craignent alors que leur anonymat soit rompu et qu'on les pourchasse à nouveau, mais le temps passe sans qu'aucune frégate anglaise ne se manifeste dans les parages. Si bien qu'en 1814, ce sont les îliens eux-mêmes qui se rendent en pirogue au-devant d'un nouveau bateau de passage, le HMS *Briton*, de la marine britannique de guerre, en route des Marquises vers Valparaiso. Il a lui aussi l'intention d'opérer une escale technique de ravitaillement à Pitcairn, qu'il pense lui aussi trouver déserte. Quelle surprise pour Henry Staine, le capitaine du bâtiment, d'entendre les « sauvages » le héler depuis la pirogue... dans la langue de Shakespeare, enfin plutôt dans un charabia mélangé d'anglais des tavernes de Plymouth et de tahitien ! Staine et ses hommes seront bien traités et pourvus en fruits et gibier par des îliens à qui ils laissent en échange des couvertures, du savon, du matériel de cuisine et quelques appareils de navigation. Puis, avec l'essor de la chasse à la baleine, ce

III. Aux sources du grand mythe, la genèse et les gauchistes !

sont des pavillons américains qui s'arrêtent. Amicaux au début, ils deviendront vite hostiles, profitant de la faiblesse des îliens pour leur voler nourriture et équipements. Peu à peu, cependant, les Pitcairners sortent de l'ombre et, en 1838, événement essentiel pour la suite du récit et les plaidoiries de 2004 : les cent quarante habitants que compte alors l'île demandent officiellement la protection de l'Empire britannique contre les baleiniers américains et japonais qui font régulièrement des incursions violentes dans l'île, pillent les maigres réserves, violentent les femmes. Non seulement la protection est accordée, mais aussi le pardon. L'Angleterre absout officiellement les mutins et autorise la colonie à se développer à Pitcairn.

Au fait, d'où vient le nom de Pitcairn ? « D'un matelot de 14 ans, nommé Robert Pitcairn, dont on ne sait absolument rien, rigole Pawl, c'est le *Swallow*, un vaisseau d'exploration des Amériques qui aperçoit l'île pour la première fois en 1767, peu de temps avant l'arrivée des mutins. » Mais, le commandant Carteret se contente de s'approcher et de contourner l'île par l'ouest, effrayé par les courants puissants et les vagues. Il décide de baptiser l'inclément caillou du nom du gamin qui le signale en premier depuis le poste de vigie, mais personne n'y débarque. Auparavant, des navires français qui croisent dans la région ont, semble-t-il, aperçu l'île, mais n'ont jamais tenté de s'en approcher. « À quoi tient une appartenance, philosophe Pawl, imagine qu'un des Français passés par là prenne pied dans l'île, il plante un drapeau, un poste s'installe, puis une garnison... », qui aurait évidemment été trop heureuse, quelques années plus tard, d'accueillir des mutins anglais... « Et alors nous serions français ! », s'exclame mon nouveau copain dans un éclat de rire de boucanier emboucané. Surtout, opposé-je à Pawl, heureusement que les deux empires étaient ennemis et ne communiquaient pas parce que la marine française, elle, avait cartographié l'île avec la bonne longitude ! « *Yep, so, OK for England...* »[25] L'ennemi traditionnel de l'empire anglais attise pourtant quelque jalousie dans l'île. Les Pitcairners ont vu s'ouvrir l'aéroport de Hue dans les Tuamotu, se développer les fermes perlières du Gambier à Mangareva et Akamaru... Ils pestent souvent contre l'Anglais qui a « des oursins dans les poches ».

Les deux hommes qui vont transformer l'histoire de la mutinerie en un mythe planétaire s'appellent Charles Nordhoff et James Norman Hall. Nordhoff est un ancien militaire (il sert notamment en France pendant la Première Guerre mondiale) devenu journaliste. Il rencontre Hall en 1919, quand un éditeur leur confie le récit à quatre mains de *l'Escadrille Lafayette*, unité de volontaires américains sous commandement français à laquelle lui, Nordhoff, a appartenu. Depuis la fin de la guerre, il vit d'ailleurs à Paris. Le livre est un succès, alors l'éditeur veut exploiter le filon de leur plume, il les envoie dans le Pacifique Sud pour une série de reportages de voyage. Là naîtra le projet de la trilogie de la *Bounty* et de Pitcairn[26], qu'ils écriront entre 1930 et 1935, en reprenant le récit de voyage d'un explorateur anglais, John Barrow, publié en 1831 à partir des mémoires de William Bligh, le capitaine de la *Bounty*, et du témoignage recueilli par des marins, de John Adams, l'un des mutins, le seul qui survivra à la fameuse « grande guerre de Pitcairn » qui fait rigoler Pawl. La trilogie de Nordhoff et Hall est de nouveau un immense succès. Il n'en faut pas plus pour transformer le coup de force de quelques marins contre leur autorité légitime, leur désertion et leur fuite à travers l'océan, en un mythe puissant

---

25. « Bon, OK pour l'Angleterre alors. »
26. L'odyssée comprend *Les mutinés de la Bounty*, tome 1, *Dix-neuf hommes contre la mer*, tome 2, *Pitcairn*, tome 3, Charles NORDHOFF et James HALL, Libretto, 1935.

III. Aux sources du grand mythe, la genèse et les gauchistes !

qui nourrira désormais un imaginaire de liberté gagnée au bout de l'errance et d'un nouveau monde à bâtir. Le premier tome de la trilogie raconte dans le détail l'aventure de la *Bounty*, venue chercher à Tahiti des arbres à pain[27] dont les armateurs et les négociants de la *City* pensent qu'ils constitueraient une nourriture à bon marché pour les esclaves des plantations anglaises des Caraïbes et d'Amérique. Arrivée à Tahiti en retard sur son programme, la *Bounty* doit y demeurer plusieurs mois en attendant que les arbres à pain germent... Cette attente sera le terreau psychologique de la révolte. Les hommes vont découvrir la douceur de vivre des îles Sous-le-Vent dont l'historienne Marie-Camille Bouchindomme[28] dira qu'elles sont « un double en positif de l'Angleterre », une vision spéculaire qui contraste point par point avec la grisaille du climat, la rudesse de la vie et la rigidité des mœurs.

Viennent ensuite, dans le deuxième livre, la fuite, l'errance océanique, la mort qui plane et la peur qui gagne les fuyards poursuivis par la marine de la plus grande puissance maritime de la planète, mais aussi la formidable épopée de Bligh qui réussit à rentrer en Angleterre. Le troisième *opus* est entièrement consacré à la découverte de l'île Pitcairn, l'installation sur le plateau du nord, la guerre navrante et ridicule que se livrent les réfugiés et, au bout de l'absurde et du désespoir, la renaissance dans la paix et la prospérité.

---

27. L'arbre à pain a été découvert par James Cook lors de son exploration de la Polynésie en 1769. Le Français Bougainville y fait également référence dans son journal de bord, sous le nom de jaquier. Les fruits de l'arbre fournissent une farine très nourrissante et peu chère à produire. C'est pourquoi on pense l'utiliser dans les colonies pour nourrir les esclaves. Chargée de rapporter ces arbres aux Caraïbes, la *Bounty* a été spécialement aménagée pour recevoir cette cargaison inhabituelle, et un système d'arrosage est même prévu à bord.
28. Marie-Camille Bouchindomme est docteur en études cinématographiques et audiovisuelles. Elle a notamment travaillé, pour sa thèse, *Pièges de l'île et de l'œil au cinéma et en peinture*, sur l'aventure des mutins de Pitcairn.

Mais dans une Angleterre anglicane et puritaine, ce qui va assurer le succès des livres de Nordhoff et Hall, ce n'est pas tant l'aventure d'une poignée de brigands, que la métaphore biblique qui sous-tend le récit, construit comme une séquence religieuse qui enchaîne les étapes : insoumission, faute, châtiment, pardon, rédemption. Les mutins, pécheurs devant Dieu par leur acte de révolte, s'égarent puis sombrent dans le chaos et la débauche avant de renoncer au vice et de se repentir pour être enfin accueillis dans une vie heureuse et un paradis de nature... Les allusions au livre sacré des chrétiens sont patentes : peuple errant guidé par Moïse dans le désert du Sinaï – tribu de révoltés dérivant sur l'océan Pacifique qui s'en remet à son guide Fletcher Christian, débauche, mauvais comportement, adoration du péché, violation des Tables de la Loi – mutinerie contre l'autorité anglaise, guerres fratricides, etc. Surtout, le nouvel essor des Pitcairners, leur renaissance après leur arrivée chaotique et la brutalité des événements de leur installation dans l'île, se fera sous la protection de la bible, très longtemps le seul livre sur l'île, à partir de laquelle John Adams prendra en main l'éducation des enfants de Fletcher et des autres...

Cette bible, devant laquelle le Prince Philip s'est recueilli avec componction, est aujourd'hui visible au petit musée-bureau de poste-salle communale d'Adamstown! Et elle a une histoire, dont le point d'orgue se situe sur la scène d'un théâtre australien, le 12 avril 2010 : ce jour-là, Maurice Bligh, dernier descendant du capitaine abandonné, marcha solennellement à la rencontre de Jacqui Christian, qui lui tendit la vieille bible au cuir épais et roulé, s'en saisissant avec délicatesse et gravité. Maurice Bligh la regarda puis l'ouvrit doucement. Au bout de quelques instants, regardant la salle puis Jaqui, il referma le précieux livre et, dans un soupir, le lui rendit en prononçant ces mots : «Aujourd'hui,

III. Aux sources du grand mythe, la genèse et les gauchistes!

officiellement je vous remets la bible de mon aïeul William Bligh pour qu'elle demeure à jamais en toute légalité à Adamstown et qu'elle continue de guider les enfants de Pitcairn sur la voie de l'humanité. » La bible dérobée devenait officiellement, et avec les honneurs, propriété de l'île de Pitcairn.

La solitude et l'éloignement de Pitcairn sont des éléments essentiels de la genèse du mythe : tous les ingrédients du mystère sont là, mais c'est véritablement le cinéma qui va installer Pitcairn dans l'imaginaire collectif moderne de l'aventure... le cinéma et Marlon Brando. En 1962, Lewis Milestone réalise *Les révoltés du Bounty*. Milestone est le réalisateur de principe, car c'est le film de Marlon Brando. Au faîte de sa gloire, le héros de *Sur les quais* est à la fois le scénariste, le réalisateur, le dialoguiste... «Il est même casteur, explique Marc Léandri, auteur de *L'île et l'homme*[29], puisque c'est lui qui impose Maimiti, la Polynésienne dont il vient de tomber amoureux[30], pour le rôle féminin du film... » Bref, Marlon fait «absolument tout : c'est lui qui dit "moteur", "coupez", "on la refait", etc. » À travers le film, ce sont plusieurs mythes qui se rencontrent, celui de l'aventure des coureurs d'océan bien sûr, mais aussi celui de la liberté des femmes et de la douceur sensuelle des îles Sous-le-Vent qui séduisent les rudes marins anglais au point de leur faire perdre la tête... Face à ce mythe du paradis sur terre, il faut un enfer spéculaire à la hauteur, et c'est ce rôle de repoussoir qu'endossera le capitaine Bligh... Enfant, devant la télé familiale, Fletcher enchantait

---

29. Marc LÉANDRI, *L'île et l'homme*, Éd. Insulaires, 2020. Sur la relation entre Marlon Brando et la Polynésie, notamment au moment du tournage du film, mais aussi lors de l'achat de son île Tetiaroa et de sa tentative de création d'un petit paradis terrestre.
30. « Brando tombait amoureux toutes les 10 minutes, déclara Milestone à ce sujet, donc nous pensions que c'était une tocade, mais il a vraiment imposé cette débutante qui, finalement, s'est révélée une excellente actrice ». Accessoirement, sur le tournage, Maimiti est la seule que Brando écoute. Milestone prendra alors l'habitude de passer par elle pour s'adresser à sa star, dont il craignait les accès de rage.

mon cœur de rebelle de neuf ans et demi, incarnant la révolte contre l'ordre établi, la noblesse contre la cruauté... Il était Robin des Bois contre Jean-sans-Terre, Zorro contre l'Espagne, Cohn-Bendit contre de Gaulle! Du côté du pouvoir et de l'argent, mon père vantait la gloire d'un Bligh capitaine courageux, loyal aux siens et à sa patrie, et surtout formidable marin capable de mener durement, mais sans faille, son vaisseau à Tahiti puis, une fois abandonné à la mer par ces anarcho-maoïstes emmenés par ce faux dur de Christian, de conduire sa chaloupe surchargée à travers la dangereuse mer de Timor jusqu'à Batavia, d'où il rejoindra l'Angleterre! Je confie à Pawl le profond différend politique qui m'opposa, quarante ans durant, à mon géniteur. Il sourit: « En tout cas, ton père avait raison, Bligh était un sacré marin, et sûrement pas le capitaine tyrannique qu'on a dit, il y a mille preuves de ça. Par exemple, on sait que les marins étaient mieux nourris et dormaient plus longtemps sur la *Bounty* que sur les autres bateaux de la *Royal Navy*» pour qu'ils soient plus efficaces tout simplement, c'était de la gestion néolibérale cynique avant le néolibéralisme cynique! m'insurgé-je... «Si tu veux s'amuse Pawl, mais ça montre surtout que Bligh était intelligent. Martyriser les hommes aurait d'abord signifié les rendre moins productifs, et il comprenait ça. Ce n'était pas un tyran, cette image, c'est juste pour la légende, histoire de faire paraître la révolte des marins plus légitime. » Mais tout de même, ils avaient souffert tout le purgatoire et l'enfer pour essayer de franchir le Horn, avant que Fletcher convainque enfin Bligh de l'impossibilité de la chose et de la nécessité de passer par le cap de Bonne-Espérance... « Bien sûr, dit Pawl, mais la véritable histoire, c'est que la *Bounty* a joué de malchance. » Ridiculisé aux fléchettes – il est imbattable –, voici que je dois aussi accorder le point à Pawl sur le terrain de l'histoire! Tout occupé à nourrir mon mythe intérieur, j'occulte fréquemment

III. Aux sources du grand mythe, la genèse et les gauchistes!

et lâchement cet aspect pourtant primordial de l'histoire que je n'ignore pas : «Au départ d'Angleterre, la frégate et son capitaine attendent pendant plus d'un mois une lettre de commande de l'Amirauté. Résultat, quand la *Bounty* met enfin les voiles, les alizés d'Atlantique sont défavorables et elle arrive en retard au Horn». Pawl n'en reste pas là, il a fragilisé mes défenses et pousse son avantage : «Le cap Horn était bien la route la plus rapide, il fallait la tenter, car c'était le seul moyen d'arriver à Tahiti avant la germination des arbres à pain, et donc c'était la garantie de repartir très vite, en passant par l'Afrique. Malheureusement, ils sont arrivés tard à Tahiti, les arbres étaient déjà en fleurs, intransportables. L'équipage a dû passer six mois dans les îles Sous-le-Vent. Les corps se sont détendus et les esprits se sont ramollis[31], je suis sûr que Bligh avait déjà envisagé ce scénario en Atlantique!» Tout de même, Bligh n'a-t-il pas condamné un matelot au grand tour[32], ce qui irrita profondément les hommes, et menacé du fouet des marins innocents, ce qui déclencha la mutinerie ? «Si, mais c'était une punition courante dans la marine, et les hommes y survivaient... La vérité est qu'ils voulaient simplement retourner dans les îles se la couler douce entre la plage et les femmes accessibles, et qu'ils étaient prêts à suivre le premier qui les y amènerait...» Ce fut ce gauchiste de Fletcher Christian!

---

31. Malgré quelques rappels à l'ordre cinglants consignés dans le journal de bord du lieutenant Fletcher : trois hommes condamnés au « chat à neuf queues », un fouet redoutable en usage dans la marine britannique, trois autres jetés aux fers pour avoir tenté de déserter.

32. Le grand tour consistait à faire parcourir, sous l'eau, la distance du bateau à un homme attaché aux pieds et aux mains, ses camarades tirant sur les cordages, sur le pont, afin de le remonter le plus vite possible. Le petit tour était la traversée sous-marine dans la largeur. Dans la longueur, le supplice était parfois mortel. Il était également (moins fréquemment) appliqué dans la marine française.

Mais Bligh a survécu. Et le mythe s'est enrichi d'un nouvel épisode, le plus fort de tous : celui, éternel, de la création du monde... Car c'est bien l'argument le plus fort qu'imposent la trilogie de Nordhoff et Hall aussi bien que les quatre films sur le sujet : les mutins de la *Bounty* sont, à leur manière, à la recherche d'un monde à réinventer. Un monde nouveau qu'ils ont la possibilité de recommencer et qu'ils vont pourtant joyeusement et assidument saloper, en y décalquant au détail près les tares qui les asservissaient dans l'ancien... Ils comprendront ensuite leur fourvoiement et feront humblement pénitence avant de se reprendre *in extremis,* de chasser leurs démons et d'accueillir la bible pour une véritable renaissance !

Tout y est. « C'est même à ce moment-là, s'esclaffe Pirate Pawl, avant d'emplir à nouveau à ras bord sa dent de gin, qu'on a voté l'interdiction de l'alcool dans l'île ».

IV.
De l'autre côté du miroir, il y a l'île vraie

13 juin 2012, Aute Valley, pointe sud-est de Pitcairn Island

Je regarde Pawl et Randy se renvoyer la balle en riant et en ahanant. Je pense à Belinda. Je ne peux m'empêcher d'imaginer avec horreur la petite fille d'une dizaine d'années traversant en criant le terrain de tennis pour essayer d'atteindre le bois de tamariniers. Pense-t-elle que Randy n'arrivera pas à la poursuivre dans les herbes hautes et les buissons où elle a l'habitude de venir poser des pièges à merles ?

Je participe à un pique-nique joyeux en compagnie de femmes violées et d'hommes violeurs.

Nous sommes à Aute Valley, dans le sud-est de l'île. Cette vallée est célèbre pour avoir joué un rôle essentiel dans les fameuses «guerres de Pitcairn» que se livrèrent la poignée de mutins, à peine débarqués de leur bateau volé, afin de savoir qui posséderait quoi sur une île qui n'appartenait jusqu'ici à personne. Difficile d'accès – il faut passer par un petit défilé pour l'atteindre et le sentier est raide – elle servit autrefois de refuge à Steve Quintal et ses deux hommes, bannis du village pour meurtre et ivrognerie.

Pawl sourit en renvoyant dans le filet un dernier service de son adversaire. Jeu, set et match, Randy Christian a gagné. À Pitcairn, c'est souvent la famille Christian qui gagne.

On va pouvoir déjeuner sur l'herbe. Alors que les deux hommes s'avancent l'un vers l'autre pour se congratuler, j'ai toujours l'image horrible de Belinda[33] qui court pour échapper à Randy. Nous rejoignons la longue table dressée dans la clairière, face à la mer, autour de laquelle le Pitcairn qui compte s'est réuni. Et si tous les descendants des mutins de 1790 ne sont pas là... tous ceux qui sont là sont des descendants des mutins ou assimilés, comme la famille Warren. À beurrer d'immenses tartines de pain blanc qu'elles recouvrent de mayonnaise et de thon cru, Darralyn et sa sœur Charlene illustrent l'inextricable confusion généalogique qui règne dans l'arbre pitcairner ! Ce sont des Warren, cousines à la fois de la famille de Pawl, et donc de la « pièce rapportée » par une baleinière à la fin du XIXe siècle et, par leur mère, de la famille Christian ! La famille Christian justement, c'est le gros morceau de la lignée pitcairner ! Très gros même ! Descendant en droite ligne de Fletcher par son fils Jeudi-Octobre et son petit-fils... Jeudi-Octobre Junior, elle compte plusieurs branches qui ont parfois essaimé à Norfolk ou en Nouvelle-Zélande. Brenda, qui vit sur les hauteurs de l'île et qui a épousé un « étranger », l'anglais Mike Lupton, a elle-même séjourné plusieurs années en Europe. Mais la plus forte branche de la généalogie Christian, c'est celle qui tient le pouvoir politique dans l'île depuis plus de vingt ans : celle de Steve Christian, marié à Olive et père de Shawn et Randy.

---

33. Certains noms de victimes ont été anonymisés. Les pseudos utilisés, sauf mention contraire, sont ceux utilisés par Kathy Marks dans *Lost Paradise*, Free Press Ed., 2004.

Comptant chacune une dizaine de membres directs, les familles Christian et Warren sont les plus nombreuses de l'île. Mais leur importance économique et politique diffère.

Plus larvée que frontale, leur rivalité n'en structure pas moins la vie de l'île. À mon arrivée, je comprendrai vite que chaque décision, chaque projet, chaque intervention extérieure, doit s'évaluer, plus ou moins entièrement, à l'aune de ce clivage mais, qu'au fond, la hiérarchie établie par l'histoire et la loi du premier arrivé prévaudra presque toujours : c'est la famille Christian qui est la plus respectée, la plus crainte, et a le plus souvent le dernier mot. C'est elle qui monopolise les emplois clés de l'île, et surtout les charges administratives[34]. La famille de Pawl, les Warren, traditionnellement consensuelle et ouverte a su, avec le temps, gagner elle aussi le respect. Mais l'étude généalogique des charges officielles dans l'île établit un ordre immuable : les Christian comptent, depuis l'arrivée des mutins et la domination successive des descendants de Jeudi-Octobre, fils de Fletcher Christian, des dizaines de magistrats et maires, alors que les Warren attendront les années 2000 et l'explosion du scandale pour se voir un peu mieux représentés dans les instances gouvernementales, notamment aux postes de maire ou de magistrat. À l'heure des choix cruciaux de vie ou de mort de l'île, cet agencement du petit monde pitcairner sera encore de mise. Les Christian – au sens de la famille élargie incluant, par exemple, Meralda qui porte le nom d'un Warren, mais qui appartient de fait

34. La petitesse de la nation et la consanguinité ont aussi renforcé la puissance des Christian. L'argent allant à l'argent et le pouvoir au pouvoir, la famille a agrégé au cours des décennies, autour de sa sphère économique et politique, les autres souches de l'île. En face, l'isolement des Warren était compensé par leur disponibilité et leur capacité certaine à aplanir les conflits. Pour autant, le scandale à venir confirme bien qu'il n'y a pas d'un côté les justes et de l'autre les coupables, mais plutôt une culpabilité proportionnée à la puissance des familles.

à la sphère d'influence de la parentèle Christian – font la pluie, le beau temps, la fortune et la disgrâce, le mal et le pis dans l'île aux pirates. Ils dictent leur loi. Leur destin est si lié à ce caillou et au petit peuple dont ils incarnent à jamais l'épopée tragique que leur chute ne pourrait qu'entraîner celle de la nation entière.

Autour des Warren et des Christian, les Young et les Brown comptent aussi quelques représentants. Les descendants des Quintal, des Mills et des McCoy, eux sont partis à Norfolk avec la poignée d'îliens inquiets, au tournant de la moitié du XIXe siècle, de la « surpopulation » qui se profilait à Pitcairn et de l'impossibilité pour l'île de nourrir tout le monde (il y a eu, juste avant cette migration, jusque deux cents personnes dans l'île). La lignée des Adams, la seule qui compte une tombe connue, celle de John, sauveur-rédempteur de l'île, est éteinte de même que celle des Martin.

Je suis heureux d'être là et je m'en ouvre à Darralyn. Ma logeuse sourit et dit : « Je comprends, tous les voyageurs rêvent de venir ici, parce que Pitcairn est d'abord un imaginaire, quelque chose que les gens se représentent en Europe ou aux États-Unis, mais pour nous c'est une réalité, pas un mythe ». Une réalité de plus en plus difficile, je le comprends. « Et ne crois pas, ajoute-t-elle comme un avertissement, que les gens d'ici sont différents du reste du monde parce qu'ils ont une histoire légendaire. Il y a dans cette île des gens bien et d'autres non, et même s'il n'y a guère de grands crimes à part ce que tu sais sûrement déjà, on trouve chez nous toute la gamme des mauvais sentiments et des actions basses dont sont capables les êtres humains ». Voilà qui a le mérite d'être clair, descendre en droite ligne de la grande histoire et de l'aventure ne protège pas des passions tristes... Les révoltés ivres d'une liberté divine de mon enfance ne sont que des hommes, capables de veulerie, de trahison, de crimes... Titans tarés prisonniers des rochers noirs et de la vague immense. Je le sais puisque j'ai effectivement suivi les développements des *trials*, mais il m'est difficile, en regardant Len, Steve ou Randy, de me départir de l'abondance et de la beauté du mythe qu'ils représentent...

Ça viendra.

Aux prises avec un thon monstrueux qu'il tente de débiter, Turi se mêle à la conversation : «Comme tu la vois aujourd'hui, Pitcairn n'a rien de commun avec ce qu'elle a été. Aujourd'hui, nous sommes l'île du quad et du Coca-Cola, tout est changé, mais il y a eu un âge d'or». L'âge d'or de Pitcairn était celui de l'autosuffisance. L'île produisait du café, du miel, des bananes, du sel, du fungus fish séché, etc. Elle échangeait avec Mangareva du poisson contre des objets finis ou du riz. Les Pitcairners produisaient leur nourriture, vivaient dans une autarcie bienveillante dont ils comblaient les manques à la marge par un commerce de troc avec les grands *liners* Trans-Pacific qui venaient, sept ou huit fois l'an, rarement plus, mouiller en rade de l'île. On se fournissait ainsi en médicaments de base et en équipement domestique. Le commerce avec d'autres îles dépendait bien sûr du passage aléatoire des bateaux. Mais cette dépendance était intégrée par tous et la condition d'isolement de Pitcairn était compensée par la douceur d'y vivre en paix et en harmonie avec la nature. «Et puis, aujourd'hui encore, nous dépendons du passage des bateaux, et même plus que jamais, confirme Darralyn, parce qu'on ne produit plus grand-chose, même si on hésite à se l'avouer». De fait, en même temps que le *longboat*, hier, débarquait ses visiteurs, on déchargeait des caisses de bananes vertes... Impossible de croire que l'île ne pourrait produire des bananes : «Évidemment qu'on pourrait, mais comme la Grande-Bretagne les envoie, personne ne va se fatiguer à en produire». Dans le petit musée de l'île, je trouverai trace du passage de l'*Algerine* à Pitcairn au printemps 1913. C'est un bateau à moteur de Sa Majesté le roi George d'Angleterre. Dans le journal de bord du capitaine, il est noté qu'il fait charger à son bord soixante-dix-sept sacs de fungus, sept sacs de café et cinq sacs de *hi root*. Le capitaine Brook ajoute, en marge de ces informations de connaissement, qu'il a été frappé par « la force, l'ingéniosité, le talent et la disponibilité à l'échange et au développement du commerce des Pitcairners ». Après lui, il est notable que plus un bateau n'est passé pendant vingt-cinq ans...

En plus des quatre films de fiction consacrés à Pitcairn, j'ai aussi vu, avant de venir, un petit bijou de cinéma kitch de 1958 : *Miracle on Pitcairn* est un film de vingt-six minutes[35], le premier documentaire audiovisuel jamais consacré à l'île. Financé par la congrégation des adventistes[36] du septième jour, il décrit avec un luxe de détails l'organisation sociale, mais aussi le fonctionnement économique de l'île. Dans la plus pure tradition des films de propagande religieuse des églises commerciales américaines, on y dépeint un monde idéalisé et paradisiaque, une sorte de société parfaite en adéquation avec les valeurs de l'Église californienne, mais les images sont claires : les Pitcairners de l'époque mangent du poisson péché autour de l'île, boivent de l'eau et du lait de coco. Les hommes sont athlétiques, les femmes sveltes, les enfants vifs comme l'éclair. Quel contraste avec la petite nation obèse que j'ai sous les yeux ! Aujourd'hui, la boisson la plus consommée de l'île, c'est le Coca-Cola et la seconde, c'est la bière... « Mais tu te doutes que l'île ne fabrique ni l'un ni

---

35. *Miracle on Pitcairn* est un film documentaire réalisé par Eric WERE, en 1958, et produit par La General Conference of Seventhday Adventists, l'organisme de gouvernement de l'Église du même nom. C'est le premier film sur l'île réalisé dans l'île.
36. L'Église des adventistes du septième jour attend le retour prochain de Jésus-Christ. Elle s'attache globalement aux valeurs chrétiennes dont elle est issue. C'est la religion officielle de Pitcairn depuis sa « colonisation religieuse » par le pasteur Miller en 1832, mais la loi de l'île admet toutes les religions.

l'autre... », intervient Pawl, en s'emparant d'un pack de six bières de Nouvelle-Zélande.

L'île était donc autosuffisante. Elle était même « très prospère », rapporte Roy Sanders[37], le responsable de la petite école dans les années 1950. L'ancien professeur se souvient que « des enfants venaient à l'école avec des montres en or ». L'argent arrivait des Pitcairners partis en Nouvelle-Zélande, mais aussi de l'économie de troc avec les *liners* qui devient une véritable ressource à mesure que les îliens découvrent l'artisanat, et notamment l'art de la sculpture dont les touristes américains qui croisent sur ces long-courriers sont particulièrement friands. Mais comme tout le monde ne fabrique pas les mêmes objets, n'a pas le même talent de main ou le même bagou pour appâter le chaland intercontinental, des voix s'élèvent rapidement pour qu'on mette fin à la pratique égalitaire en vigueur depuis la fin du XIXe siècle qui consistait à partager entre tous les Pitcairners les ventes aux paquebots de passage. « C'était une tradition, m'expliquera Brenda au musée, les gens partageaient parce qu'ils se donnaient également le tour pour monter à bord des bateaux de passage, on ne pouvait pas y aller à cinquante chaque fois, il fallait des gens sur l'île, sur le *longboat*. Donc ceux qui vendaient partageaient ensuite ». Alors, plaisanté-je, « le développement de l'artisanat a-t-il marqué le début de la révolution néolibérale à Pitcairn ? » Chacun pour soi et le dieu des adventistes pour tous ! Ça fait sourire mon interlocutrice, mais elle concède avec dépit : « C'est de pis en pis, il n'y a aucune coordination dans ce qu'on fait, personne ne se répartit les tâches entre la sculpture, les tee-shirts ou les cartes marines. Chacun fait ce qui s'est bien vendu à bord du dernier bateau passé ! » Et cela ne

---

37. Cité par Kathy Marks dans *Lost Paradise, op. cit.*

s'est pas amélioré depuis puisqu'en 2019, notamment, le passage de l'*Aranui*, le cargo – paquebot de grand luxe de la Polynésie française, avec sa clientèle richissime – provoquera un véritable choc de production sur le tee-shirt *Bounty* et la coquille d'huître peinte! Mais, telle une punition divine, l'année suivante, le covid s'est chargé de mettre la pagaille dans les projections de marché les mieux établies puisqu'aucun bateau n'est passé! Les Pitcairners ont quand même continué de produire... en vue d'une reprise qui n'arrive pas, on peut donc craindre un engorgement des échanges en 2022 et une baisse des prix qui pourrait bien initier une longue période d'austérité chez les sculpteurs de *Bounty*s en pierre à savon et les spécialistes de la joaillerie en bois de caroubier...

Plus sérieusement, la plus grande crise économique de l'histoire récente de l'île est venue... du timbre! L'activité philatélique est, en effet, l'un des points d'appui forts de la prospérité de Pitcairn, dans les années 1940! Autorisée officiellement par la Couronne britannique, la production de timbres estampillés Pitcairn est en plein essor jusque dans les années 1980, et même 1990. Les collectionneurs du monde entier s'arrachent les petites vignettes dentelées à la gloire de Fletcher Christian, de la HMS *Bounty* ou de l'île des aventuriers... La Grande-Bretagne se contente d'un contrôle administratif distrait sur la production et les tarifs pratiqués afin de maintenir le niveau de rareté des timbres. Mais le développement des liaisons électroniques, l'arrivée d'Internet ont fait péricliter l'activité, qui passe d'un volume de 400 000 dollars environ à la fin du XXᵉ siècle à une perte sèche de 30 000 dollars en 2012. Fin de partie.

Qui l'eût cru? Voilà Pitcairn rattrapée par les crises de l'économie capitaliste, la concentration des richesses, le creusement des inégalités! Au pique-nique d'Aute Valley, ça fait rire mes interlocuteurs, mais Pawl convient que « la nature humaine est ce qu'elle est » et les hommes de cette époque pas très différents des premiers mutins qui s'écharpaient pour la compagnie d'une femme, un lopin de terre ou une bouteille d'alcool de palme. L'Angleterre, elle, ne prête guère d'attention aux descendants des mutins. L'île appartient sans doute à la Couronne, comme d'autres territoires, Tristan da Cunha[38] ou les îles Chagos[39]... mais dans quels termes ? Depuis quand ? Qui s'en soucie ?

À Pitcairn, l'autosuffisance ne signifiait d'ailleurs pas le repli complet ou l'autarcie. Les contacts existent dans cette période, même s'ils ne sont pas fréquents, et l'influence du monde extérieur s'exerce. C'est ainsi que l'île s'est convertie « par correspondance », selon les mots de Pawl, au culte adventiste. Les mutins, eux, étaient de foi anglicane, celle qu'on pratique à Londres et Portsmouth. Mais, à la fin du XIXe siècle, Pitcairn n'a pas échappé, comme tant d'autres îles du Pacifique, à la grande offensive des églises marginales américaines, les mormons et les adventistes investissant chaque mètre carré d'île que les grands cultes du livre avaient négligé. Ainsi, les Kiribati et les Tonga deviennent-

---

38. L'île Tristan da Cunha est située dans le sud de l'Atlantique, presque à mi-chemin entre le cap Horn et le cap de Bonne-Espérance. En 1961, une éruption volcanique met soudain les quelques dizaines d'habitants (descendants des soldats et des prostituées envoyés constituer une garnison dans l'île en 1816... pour prévenir une éventuelle évasion de Napoléon de son exil de Sainte-Hélène) en danger de mort. L'Angleterre va alors organiser un difficile transfert maritime et un rapatriement des soixante îliens qui vivront deux ans à Londres avant de choisir, pour la plupart, de rentrer dans leur « île du Moyen-âge ». L'histoire du peuple de Tristan est racontée par Hervé BAZIN dans *Les bienheureux de la désolation*, Seuil, 1970.

39. Les îles Chagos, situées au milieu de l'océan Indien appartiennent officiellement à la Couronne britannique, mais ont été cédées, en 1971, aux États-Unis, qui y ont installé la plus grande base militaire américaine du monde. Le plus grand secret est maintenu autour des allées et venues de l'île. La base a notamment servi de relais pour les avions qui bombardaient l'Afghanistan après 2001, et de prison pour nombre de détenus de la guerre d'Irak, avant leur transfert à Guantanamo.

IV. De l'autre côté du miroir, il y a l'île vraie

elles mormones, les Samoa et... Pitcairn, adventistes. Comme ces églises ne sont pas riches et ne peuvent se permettre d'envoyer des missionnaires à travers l'océan Pacifique, leur méthode consiste à confier aux grands cargos, lâchant San Francisco pour l'Australie ou la Nouvelle-Zélande, des caisses de cadeaux – le plus souvent de la bimbeloterie, mais aussi des outils ou des tissus utiles – que ces *liners* déposent dans les îles auxquelles elles sont destinées. Le terrain ainsi préparé, on peut ensuite envoyer un ambassadeur finir le travail. Et voilà que le pasteur John Tay débarque à Pitcairn un beau jour de 1886 pour l'étape finale de la parfaite conversion des Pitcairners, déjà largement séduits et acquis à la « généreuse » cause adventiste, alors que l'Église anglicane européenne se moque comme des persécutions de Marie d'ouailles si lointaines ! « Ensuite, on a été achetés par Coca-Cola comme on l'avait été par les adventistes, les pirates se vendent au plus offrant... », conclut Pawl, en faisant sauter la capsule d'une Steinlager[40] avec un décapsuleur niché dans son oreille.

Les années 1990 sont un tournant pour l'île. Bien que largement délaissée par la Grande-Bretagne, ou plutôt du fait de cet oubli, Pitcairn s'administre et pourvoit à ses besoins. Certes, un budget de la Couronne de quelques milliers de dollars chaque année continue d'être alloué, mais dans les faits, l'île est abandonnée à elle-même jusqu'à la révélation de la première affaire de pédocriminalité par la presse néo-zélandaise. Les Pitcairners cultivent leur jardin. Chaque maison a son verger, on mange ce qu'on produit et le complément arrive dans les cales du *Claymore*, une dizaine de fois par an.

---

40. L'une des deux plus grandes marques de bières néo-zélandaises.

Il existe un autre témoignage, beaucoup plus récent, de la vie quotidienne des Pitcairners, c'est le livre de Dea Birkett[41]. Mais, à peine ai-je fini de prononcer son nom au pique-nique d'Aute Valley que Pawl, Darralyn et Turi me fusillent du regard : «Ne prononce pas ce nom ici, c'est un moyen plus sûr de mourir que de sauter de la falaise McCoy». Je connais la teneur du livre de Birkett, mais je m'étonne de l'hostilité de mes nouveaux amis : est-ce que Darralyn ne vient pas de me dire que l'île n'échappe pas «aux pires sentiments dont sont capables les êtres humains»? «Bien sûr, concède ma logeuse, mais moi je peux dire ça parce que je suis d'ici». Visiblement, ça change tout.

La religion et le mythe constituent apparemment deux ciments forts de la communauté pitcairner. Mais l'édifice est perclus de lézardes. Les pasteurs qui se sont succédé ont tous remarqué, au-delà même des crimes commis contre les enfants de l'île, la double attitude des habitants en matière de religion. Dévots et fidèles aux cérémonies officielles, ne manquant jamais une occasion de se signer ou de vanter leur attachement aux valeurs chrétiennes, ils ont toujours une excuse à servir pour n'avoir pas assisté au dernier sermon du pasteur. L'alcoolisme et les violences entre adultes sont quotidiens.

De fait, le mythe est aussi, d'abord, une attraction touristique, bien plus qu'un héritage historique ressenti, une identité profonde ou une fierté qui oblige à la noblesse. Pour un Pawl Warren incol-

---

41. Dea BIRKETT est une journaliste et auteure anglaise, fascinée par Pitcairn et l'aventure des mutins, qui débarqua dans l'île au début des années 1990. Son projet était de raconter, sous un jour favorable, la vie quotidienne et l'histoire des descendants des mutins. *Serpent in Paradise*, Éd. Anchor books, 1997, est le récit de son immense déception. Le livre, qui reste le premier de l'époque moderne dédié à Pitcairn, dresse de l'île un portrait peu enthousiasmant, insistant notamment sur les rivalités, les luttes d'influence et les jalousies de bas étage qui régissent la vie locale.

lable sur l'histoire mondiale de la piraterie, tant de flibustiers de comptoir. Mais tous se retrouvent pour servir aux croisiéristes américains la légende de leurs ancêtres. Il existe un mot pour ça, me dira Sue : «C'est une formule typiquement pitcairner : on dit "hypocriter l'étranger"[42], ça veut dire qu'on profite de la fascination des visiteurs pour le mythe de Pitcairn et de Fletcher Christian». De nombreux scientifiques qui se sont intéressés au développement de Pitcairn ont noté le gouffre entre leur façon de vivre et la référence permanente aux ancêtres. Sur le *Claymore*, lors de mon voyage retour à Mangareva, un marin kiwi me dira plus prosaïquement que «ce sont des putains de trous du cul, ils vivent sur le souvenir des mutins, mais eux ils boivent du rhum, touchent l'argent de l'Angleterre et violent des gosses, c'est ça la réalité».

Le mythe a également essentialisé les Pitcairners comme s'ils formaient les cinquante membres d'un même corps... alors que règnent la jalousie et la zizanie.

Comme dans les plus belles banlieues de classes moyennes d'Europe ou des États-Unis, les familles de Pitcairn se regardent en chiens de faïence, guettant la moindre dépense du voisin, le moindre avantage tiré de tel ou tel mouvement, le plus anodin contact avec l'extérieur pour en nourrir jalousie et suspicion... «Je te l'ai dit, nous ne sommes pas différents du reste du monde. Tous ces mauvais sentiments existent ailleurs, les crimes contre les enfants, ça existe aussi ailleurs. Pourquoi Pitcairn serait différent ? Nous sommes des femmes et des hommes après tout...» C'est à peu près le même discours d'excuse que celui des curés de France ou d'Italie quand ils sont convaincus de violence sexuelle sur des enfants, ferai-je remarquer à ma logeuse, qui me répondra ingénu-

---

42. *"To hypocrite the stranger"* : l'expression est également rapportée par Kathy MARKS dans *Lost Paradise, op. cit.*

ment : « Tu vois, si les curés le font, pourquoi les Pitcairners seraient meilleurs que des curés ? » Dans le souci de ne pas la froisser, et aussi pour poursuivre mon séjour chez les pirates en haut plutôt qu'en bas de la falaise McCoy, je m'abstiens de contre argumenter sur la proportion pitcairner d'affaires de pédocriminalité par rapport au reste du monde, Vatican compris...

Plusieurs grandes familles de Pitcairners d'aujourd'hui, au premier chef de toutes, le clan d'Olive et Steve Christian ont gagné beaucoup d'argent. Et même si les procès et la prison se sont chargés de leur en faire rabattre un peu, ils continuent de vivre sur un pied de bourgeois urbains australiens ou néo-zélandais, voyagent sans se préoccuper des tarifs, envoient les enfants étudier des années en Europe ou en Océanie...

C'est que Pitcairn est aussi une petite entreprise. « C'est du business », résume Pawl. Et le mythe est le premier argument commercial de ce business. Alors tout ce qui peut mettre en danger le mythe est perçu comme néfaste par les Pitcairners. En d'autres termes, note Kathy Marks : « Si le monde sait ce que sont vraiment les Pitcairners, ils risquent de ne plus vendre de tee-shirts aux bateaux de croisières ». Au premier rang des dangers mortels identifiés pour les Pitcairners, bien avant les tempêtes et le vieillissement de la population, il y a cette engeance essentialisée et diabolique, ce rebut de l'humanité qui se repaît des tréfonds de l'âme humaine, ces fouille-merdes, ces salauds, ces profiteurs de malheur qui gagnent de l'argent en racontant des mensonges et les viols d'enfants : les journalistes. Moi. J'ai menti pour venir. Enfin, je n'ai pas déclaré ma profession de journaliste au Conseil de l'île qui ne me l'a pas demandée. Aurais-je obtenu ce visa si j'avais déclaré que je venais y faire un reportage pour *VSD* sur la vie quotidienne des Pitcairners après les *trials* ? Bien sûr que non. Pour la préparation de ce livre, j'ai tenté d'ouvrir tous les canaux d'information officielle : Bureau de la gouverneure, Conseil de l'île, ministère anglais... Quand j'ai obtenu des réponses, elles étaient évasives, allusives, superficielles. Laura Clarke, la gouverneure High Commissionner, m'a fait répondre par l'un de ses *Deputy Governor*[43] avec qui j'ai pu échanger plusieurs fois, mais dont la préoccupation essentielle était : ne rien dire. Le Conseil de l'île ne m'a répondu qu'au bout de plusieurs mois. Seuls mes contacts personnels m'ont apporté leur concours, parfois sous le sceau du *off*, parfois, rarement, comme la courageuse Sue, à visage découvert et sans farder son langage.

Kathy Marks, Dea Birkett... Pitcairn nourrit ses haines. Mais, elle est parfois payée de retour ! Comme dans le *Russell Scott show*, dont l'animateur détient très certainement la palme de la détestation de Pitcairn à laquelle il a consacré une émission de deux heures dont le message unique est : « N'allez pas à Pitcairn »[44], s'en prenant, entre autres critiques, très violemment à l'accueil des Pitcairners. Encore un nom à ne pas prononcer ici... Je m'y risque pourtant tout bas, et j'obtiens une explication : « Ce gars a été candidat à l'immigration à Pitcairn, mais son dossier a été rejeté ». De fait, Russell Scott confirme à longueur d'émission : « Ces gens-là vont vous dire : venez, c'est 500 $ pour déposer un dossier, et puis ils vont jeter votre dossier, attendre un peu et vous dire que vous n'avez pas été accepté ».

Pitcairn inhospitalière, égoïste, jalouse, haineuse... À l'heure où la nouvelle science de la collapsologie nous apprend que la difficulté et la nécessité de la survie déclenchent plutôt des processus de solidarité, que la fin du monde resserre les liens entre les hommes, que l'épreuve rapproche... L'île de Sue et Pawl serait-elle

---

43. Robin Shackle, *Deputy Governor* de Pitcairn, basé à Auckland.
44. Titre original du film de Russell SCOTT, *Don't go to Pitcairn.*

un contre-exemple ? Le non-dit et le non-vu des collapsologues ?
L'angle mort qui dirait le réel contre l'utopie ? Le tangible contre
l'idéal ? Parce que s'il est un lieu en péril sur la planète, c'est bien
Pitcairn. À l'évidence, le salut de cette petite société exposée aux
dangers du monde et à la folie des éléments réside naturellement
dans l'entraide, dans la cohabitation, la solidarité et la potentialisa-
tion des intérêts des différents individus qui la composent : chacun
dépend de chacun et une seule rupture dans cette chaîne de vie
met en danger l'existence même de la communauté. Aujourd'hui,
ça fait bien rigoler Sue : « Dans l'idéal, tes collapsologues ont raison,
mais la réalité est différente et bien plus triste : les gens d'ici sont
égoïstes, veules, repliés sur leurs intérêts individuels, quand ils ne
sont pas tous simplement racistes ou corrompus ». Fin de l'exposé
sur la fin du monde qui crée des liens.

Mon amie reprend : « Leur grande peur est que leurs jobs soient
occupés par des gens qui viendraient s'installer dans l'île et qui
travailleraient mieux qu'eux ou qui démontreraient qu'ils sont
inutiles, remplaçables ».

Voilà les pirates habillés pour l'hiver austral.

Pourtant, cette société d'entraide nécessaire a bien existé, mais
la mondialisation l'a tuée bien plus sûrement que Perutua n'a tué
Fletcher Christian[45]. Ce monde idéal aux confins du monde était

---

45. Dans le dernier tome de la trilogie de NORDHOFF et HALL, Fletcher Christian est
touché par une balle en septembre 1793, quand les Polynésiens se révoltent contre leurs
maîtres anglais qui refusent de partager les terres. La Polynésienne Perutua, qui avait
été emmenée de force, l'achève d'un coup de hache. C'est la thèse la plus probable. Pour
autant, il existe une hypothèse basée sur le témoignage de Peter Heywood, un marin res-
capé de l'expédition du retour de Bligh, qui prétend avoir reconnu formellement Fletcher
Christian dans les rues de Londres le 22 avril 1810, soit plus de vingt ans après la mutinerie. Le témoignage figure dans un rapport des gendarmes auxquels Heywood s'adressa
aussitôt afin de faire arrêter Christian, mais on y précise également qu'il fut impossible de retrouver l'homme désigné par Heywood et que ledit marin était passablement
éméché lors de son audition, ce qui hypothèque sérieusement son témoignage !

IV. De l'autre côté du miroir, il y a l'île vraie

celui de la Pitcairn rédimée de Nordhoff et Hall, la Pitcairn de la bienveillance et du vivre ensemble… C'était le monde de *Miracle on Pitcairn*. La Pitcairn d'aujourd'hui, elle, n'est plus une île. Elle est un petit bout de planète globalisée, un quartier périphérique du village global. Certes, on n'y voyage pas facilement, mais son écart du monde n'est plus guère que géographique. Dans les années 1950, on passait encore la journée à préparer la senne[46] et la veillée à lire à la bougie la bible sauvée de la *Bounty* ou à fabriquer des paniers d'osier en communauté. Aujourd'hui, on se goinfre de chips et de bière, les tongs sur une table basse en critiquant Joe Biden avant de s'écharper devant Manchester Bayern.

Quand Pitcairn était autosuffisante, les patates douces de la famille Adams nourrissaient toute l'île. Les Christian, eux, fournissaient les autres familles en miel et en gibier, car ils étaient les meilleurs chasseurs et ils avaient les enfants les plus jeunes. Les vieilles femmes tissaient pour tous et un vieux ravaudeur ravaudait les brouettes de n'importe qui. L'île de 2004, de 2012 ou de 2021 n'est plus qu'un endroit du monde, un peu décentré, mais un endroit du monde quand même.

Mais le mythe a la peau dure, et c'est aussi hors de Pitcairn qu'on trouve les pires dénis. On fait même parfois le choix de la désinformation pure et simple. En 2002 paraît un très long article dans *National Geographic France*, signé Bertrand de Lesquen, sur la saga de Pitcairn[47]. De magnifiques photos, de longues tirades sur l'aventure des mutins, des paragraphes élogieux sur le courage des

---

46. Long filet de pêche qu'on porte en mer avec une barque et dont les hommes, à terre, tirent les deux extrémités afin d'amener sur les galets les poissons prisonniers. Cette pêche lourde nécessite la collaboration de nombreuses personnes pour tirer le filet chargé d'eau, de poisson et d'algues.
47. Bertrand de Lesquen, « À Pitcairn, les derniers descendants des mutins du Bounty », photos de Yves Gellie, *National Geographic France*, avril 2002.

hommes, leur communion avec la nature, leur respect de l'environnement... mais pas un mot sur l'affaire qui vient de percuter l'île de plein fouet, alors même que les reporters sont probablement dans l'île en même temps que les enquêteurs. Est-ce que la possibilité d'un bouleversement criminel aussi déflagrant sur l'un des groupes humains les plus originaux et difficiles à connaître n'intéresse pas la grande revue scientifique qu'a toujours été le *National Geographic*? Il est clair qu'un *deal* a été passé : l'île accepte la présence des journalistes, en échange, on n'aborde pas les sujets qui fâchent. Et s'il ne l'a pas été, alors l'autocensure est un crime contre la vérité et une violence supplémentaire infligée aux enfants. Quelques mois plus tard paraît un magnifique album de dessins et d'aquarelles[48] dont les textes d'accompagnement sont également signés de Lesquen. On y évoque «l'extraordinaire piété des Pitcairners», Steve Christian y est dépeint en «chef de la communauté lisant la bible», on y évoque poétiquement un peuple qui vit «sobrement au rythme de la houle océane qui bat comme un cœur au pied de leur redoute». Pas un mot sur les *trials*.

Comment les victimes se reconstruiront-elles jamais si les crimes qu'on a commis contre elles, sur elles, continuent d'être tus au nom de la préservation du mythe?

---

48. *Pitcairn, l'île des révoltés de la Bounty,* dessins et aquarelles Christian HEINRICH, textes Bertrand de LESQUEN, Gallimard, 2002.

V.
« Ici, le sexe, c'est aussi naturel que manger à table »

20 avril 2021, Paris

Sur un réseau social, je regarde une ancienne intervention d'Olive, épouse légitime du maire Steve Christian. Elle est encore bien sûre d'elle quand elle toise, en avril 2006, le journaliste d'une équipe de la BBC venue enquêter sur les conséquences de *The trials*[1], comme on qualifie le mégaprocès concluant le scandale qui a secoué l'île, mais aussi la Nouvelle-Zélande et la Grande-Bretagne : la plus grande affaire de pédocriminalité systématisée à l'échelon d'une nation : « Ici, le sexe, c'est aussi naturel que manger à table »

Au début de l'Affaire, il y a... une affaire qui n'en est pas vraiment une. En 1996, en vacances sur l'île, une jeune néo-zélandaise prétend avoir été agressée par Shawn, l'un des fils de Steve Christian. C'est faux. Et Shawn réussit à le démontrer. La jeune fille a simplement eu peur de la réaction de ses parents, notamment de son policier de père, et a préféré déclarer qu'elle n'était pas consentante aux relations qu'elle avait eues avec Shawn, avant de se rétracter devant l'accumulation des preuves apportées par le fils de Steve, notamment des échanges de lettres qui laissent peu de place au doute. L'incident est désagréable et injuste pour Shawn, mais il est clos. Enfin, pas tout à fait, parce qu'à cette occasion, une enquête officielle a été diligentée par un juge néo-zélandais, sur délégation de la Couronne britannique. La police britannique a mis le pied dans l'île pour la première fois de son histoire. Les investigations n'ont débouché sur aucune mise en accusation, mais elles ont délié quelques langues. Une rumeur a couru, celle d'abus sexuels commis depuis des décennies sur tous les enfants de l'île par à peu près tous les adultes mâles de l'île. Peter George, le détective du Yard dépêché sur place, rentre à la maison, mais il garde un œil sur l'île et a noué des contacts avec quelques îliens « de confiance ». Il recommande à ses supérieurs une surveillance constante des agissements de certains Pitcairners. Ce n'est pas la première fois qu'on évoque des affaires de crimes sexuels à Pitcairn, mais c'est la première fois que la justice, la presse et la police se mobilisent en concomitance. C'est cette coïncidence qui va rendre le déploiement inéluctable. Cette coïncidence et l'abnégation des enquêteurs. Chaque étape du processus en cours appelle automatiquement la prochaine jusqu'à ce que la publicité interdise tout risque de mise sous le boisseau, comme c'est arrivé plusieurs fois dans le passé[49].

Sur l'insistance de Peter George, on décide, en 1997, d'assurer une présence policière fixe dans l'île. Une jeune recrue est envoyée sur place. Gail Cox passera plusieurs semaines à Pitcairn, nouant, selon les déclarations qu'elle fera ensuite spontanément aux

---

49. Voir chapitres VII, IX et X.

enquêteurs «d'excellentes relations avec les habitants» et ne notant pratiquement rien d'anormal dans le comportement de la petite communauté, au contraire de la nouvelle maîtresse d'école néo-zélandaise, Carnihan Sheils, dont le «retour de terrain» va largement confirmer les soupçons de Peter George : «On a très vite compris, avec mon mari Daniel, que quelque chose se passait dans cette île, dans leurs conversations ou dans leurs jeux, les enfants de l'école utilisaient des mots qu'on n'utilise pas à leur âge, ils avaient des comportements étranges, secrets...» Un jour, Carnihan surprend cet échange entre deux petites filles : «l'une disait à l'autre : "tu as 12 ans, tu vas y passer c'est sûr"»... Le malaise des deux enseignants est fort. Pour Carnihan et Daniel, la déception de Pitcairn ne se limite d'ailleurs pas au scandale de pédocriminalité : «C'est toute l'ambiance ici qui est pourrie». Le couple pensait trouver le paradis à Pitcairn, il n'a été soulagé qu'en quittant l'île, deux ans plus tard. Le pasteur John Chan partage aussi les soupçons du couple. Ensemble, ils s'en ouvrent à Meralda Warren, la «policière»[50] désignée par le Conseil, qui les rassure sur le mode «les enfants sont des enfants, ils disent n'importe quoi». Il suffirait pourtant, comme le feront les enquêteurs, de vérifier le registre des naissances dans l'île pour s'apercevoir que toutes les femmes de l'île ont leur premier enfant entre 12 et 15 ans, depuis que les registres sont tenus, mi-XIXe siècle.

---

50. Avant les *trials*, les procès qui se sont déroulés dans l'île, la seule présence policière était assurée par un autochtone désigné, selon un principe de *turn-over*, par le Conseil de l'île. Cette situation fera dire à Peter George, cité dans le livre de Kathy MARKS, *Lost Paradise*, que «les standards minimums de police n'étaient absolument pas respectés dans l'île» et à Jaqui Christian, l'une des seules victimes à parler à visage découvert, que «Tout ça est une blague, la police c'était ma cousine!» in *Trouble in Paradise*, par Nick GODWIN, 2006, pour Channel 4.

V. «Ici, le sexe, c'est aussi naturel que manger à table»

Gail Cox, de son côté, reconnaîtra volontiers avoir été « victime du romantisme mythique qui se dégage de l'île »[51] et n'avoir pas su être lucide sur ce qui se déroulait sous ses yeux.

En 1999, une nouvelle enquête est ouverte à la suite d'une « indélicatesse » commise par un visiteur dans l'île, John Quinn, contre une jeune fille. La population, d'abord unie et bien décidée à lyncher l'étranger qui aurait abusé d'une très jeune fille, change précipitamment d'avis quand elle comprend qu'une enquête officielle ne ferait pas du tout son affaire...

Mais cette fois, les faits sont très sérieux. « La boîte de conserve est ouverte, elle sera impossible à refermer », comme le dira, quelques années plus tard, très maladroitement, le Haut-Commissaire anglais Leon Salt.

Gail Cox est renvoyée dans l'île. Elle dira de son second séjour qu'il a été l'antithèse parfaite du premier : détestable. Désormais, les Pitcairners sont hostiles. Ils se doutent que le pire est à venir. Le séjour de la jeune policière devient un enchaînement de vexations et de brimades.

En mars 2000, Scotland Yard ouvre une enquête sur les « possibles agressions » rapportées par les époux Sheils. Le mois suivant, Peter George et Robert Vinson débarquent en Nouvelle-Zélande : « Opération Unique » est lancée. Ce sera un tremblement de terre.

En Nouvelle-Zélande, les deux détectives prennent contact avec toutes les familles de Pitcairners immigrés. Ils font des progrès rapides. Les deux enfants désignés par la maîtresse d'école sont immédiatement interrogés. Loin de Pitcairn et de leurs parents,

---

51. Citation rapportée par Kathy Marks, journaliste pour plusieurs médias néo-zélandais. Kathy Marks est l'une des rares à avoir suivi les premiers procès, en 2004. Les citations de ce chapitre, sauf mention spéciale, sont issues du récit très précieux qu'elle en fit dans *Lost Paradise, op. cit.*

ils sont intarissables. Et le premier mis en cause est Randy, un autre fils du maire Steve Christian, l'un des personnages les plus influents de l'île. Randy est officiellement résident à Pitcairn, mais il se déplace beaucoup, à Norfolk ou en Nouvelle-Zélande. Les deux détectives finissent par l'interroger à Adamstown. Le fils du maire, qui a 26 ans au moment de cette rencontre, prend les choses de haut. Il ne conteste pas les relations sexuelles avec les enfants, mais affirme qu'elles étaient consenties par les deux parties. Belinda et Karen ont 12 ans au moment des faits, lui en a entre 21 et 24, mais il s'abrite derrière l'argument le plus utilisé durant les procès : « Ici, les relations sexuelles commencent tôt. » L'affirmation, au moins, est incontestable. La déposition retirée par la suite d'une femme à Auckland synthétisera la pratique d'un lapidaire : « Aucune fille de Pitcairn n'a jamais fêté vierge son douzième anniversaire. »

Mais il y a des sujets qu'on n'aborde pas, surtout avec des étrangers. Et surtout avec des étrangers policiers. Quand elle quitte l'île de Pitcairn pour rejoindre son école d'Auckland, Belinda est admonestée par son propre père. En substance, il la prévient que si elle parle de « ce qui se passe dans l'île avec les filles », elle va mettre tout le monde en danger, et d'abord l'île elle-même. Le père de Belinda a des raisons d'être inquiet.

À Pitcairn, l'intrication des parentèles et des culpabilités est telle que tout le monde craint tout le monde. Une situation qui facilite une *omerta* que Mike Lupton, l'époux anglais de Brenda, résumera ainsi : « Personne ne parle à l'intérieur de cette communauté parce que tout le monde sait quelque chose que l'autre veut cacher, chacun tient chacun par les couilles ! » Une chaîne de silence.

En Nouvelle-Zélande, en revanche, les langues se délient. « Chaque porte à laquelle on frappait nous apportait la même réponse : "toutes les filles ont subi ça, c'est une certitude à 100 %,

V. « Ici, le sexe, c'est aussi naturel que manger à table »

c'est comme ça à Pitcairn" », confieront les enquêteurs au procureur Simon Moore. Les crimes sont judiciairement qualifiés, la gravité des agressions sexuelles varie de l'indécence au viol avec menaces de mort. Toutes les femmes parlent, mais toutes n'accepteront pas de témoigner en justice. Difficile même d'être certain que celles qui déposent ne changeront pas d'avis. « Compte tenu du contexte et de la proximité familiale des victimes et des coupables, on s'attend dès le début à des pressions et des confrontations d'influence pour faire annuler des témoignages », confirmera le détective Peter George dans le film *Trouble in Paradise*[52], seul documentaire réalisé sur « l'Affaire ».

Arbitrairement, la police décide de se fixer une limite temporelle : on ne prendra en considération que les agressions ayant eu lieu dans les vingt dernières années. Mais très vite, devant l'ampleur des découvertes, on comprend qu'on ne peut pas ignorer les époques précédentes. La nouvelle échéance remontera dans le temps jusqu'en 1960, date de l'apparition dans l'appareil législatif du *Relevant sexual offence act*[53] qui permet de qualifier toutes les agressions.

Après Belinda et Jennifer, c'est un témoignage anonyme qui glace le sang, celui d'une femme que Kathy Marks appelle « Catherine » : « Je ne peux rien dire concernant les affaires des enfants, mais je peux vous dire que j'ai moi-même été violée par le père de Belinda... »

On comprend mieux les menaces sur le débarcadère, au moment du départ de Belinda. C'est une déflagration, car derrière les accusations contre le père de Belinda, « Catherine » aligne d'autres noms...

---

52. Nick GODWIN, *Trouble in Paradise, op. cit.*
53. Le *Relevant sexual offence act* est une loi anglaise sur les agressions sexuelles qui date de 1956, mais entre en application le 2 juillet 1960. Il sera sévèrement « amendé » à l'occasion de « l'affaire de Pitcairn ».

Tous l'ont violée dans son enfance ? Violée ? « Oui violée, il ne s'agit pas d'assauts indécents, il n'y avait pas de demi-consentement, c'étaient des viols ». Le témoignage de « Catherine » sera retiré après de très lourdes pressions, mais les enquêteurs ont compris que chaque domino en fait tomber un autre.

À la fin de l'enquête en territoire néo-zélandais, les deux policiers répertorient trente et une victimes qui dénoncent des dizaines de délits et de crimes contre trente hommes dont vingt-sept sont des natifs de Pitcairn[54]. L'affaire prend des proportions gigantesques et son développement naturel doit se poursuivre sur place. Peter George et Robert Vinson s'embarquent donc pour Pitcairn, en septembre de l'année 2000. Contrairement à leurs craintes – ils sont armés et prêts à tout –, on leur fait bon accueil. « C'est même surréaliste, témoignera Robert Vinson, les gens nous apportaient du poisson, des fruits, des gâteaux… » En 2012, sous le sceau de l'anonymat, une jeune femme me confirmera à Pitcairn le bon accueil réservé aux policiers, en le mettant sur le compte de la fourberie : « Les hommes se sont dit qu'ils allaient pouvoir embrouiller les policiers, sympathiser avec eux et qu'on allait se comprendre "entre hommes" sur le dos de ces filles qu'il n'aura certainement pas fallu forcer beaucoup… » Machos de tous les pays et de toutes les époques… Mais les hommes de l'île doivent vite déchanter, Peter George et Robert Vinson sont des policiers intègres et respectueux de leur mission, qui iront implacablement au bout de cette enquête. Pour autant, leur mission s'avère d'une extrême difficulté. Contrairement à ce qui s'est passé au pays des kiwis, les portes sont fermées à double tour. Et les bouches. Personne ne parle. Pire, les témoignages chancellent d'un jour à l'autre : « On le savait, dira

____

54. Trois actes ont été commis hors de Pitcairn.

Peter George à la presse néo-zélandaise après le procès, mais là ça prenait des proportions qui nous faisaient penser à quelque chose de médical, comme une forme de syndrome de Stockholm ». Peter George et Robert Vinson représentent l'ordre et la parole officielle de l'Angleterre. Forts de leur statut de représentants de la Couronne chargés de réintroduire la force de la loi dans une communauté perdue, les pouvoirs publics, les juges et leurs supérieurs au ministère de l'Intérieur à Londres ont pensé un peu vite que leur seule présence dans l'île suffirait à réduire les bravades et les rodomontades des « hommes ». Mais les Pitcairners sont des pirates. La ruse est leur alliée.

Le 8 mai 2002, après de longues semaines de travail épuisant, l'équipe du procureur Moore rentre à Mangareva sur le *Braveheart*[55], le bateau mis à leur disposition par le gouvernement britannique. Après quelques heures de navigation à peine, le capitaine ralentit la machine à l'approche de l'atoll d'Oeno, l'île inhabitée située à 200 milles au nord de Pitcairn. Oeno est une île chaude, le temps est beau, l'équipage débouche quelques bouteilles, on pique une tête dans le lagon turquoise. Pour les officiels Cameron, Moore et Gordon, l'occasion est trop belle d'oublier pour quelques heures l'atmosphère pesante des *trials*. Alors qu'on admire le coucher du soleil, le capitaine explique que les nouveaux venus dans l'archipel doivent respecter une tradition inspirée du passage du Pot au Noir, à l'Équateur, dans l'océan Atlantique. Il s'agit d'une petite cérémonie de baptême. On

---

55. Pour la durée de l'enquête et des procès, les policiers et les juges ont pu généralement utiliser un bateau spécialement affrété pour eux depuis la Nouvelle-Zélande, opérant une rotation Auckland/Mangareva/Pitcairn. En temps normal, chaque déplacement de la gouverneure Clarke, par exemple, est un périple de plusieurs jours devant faire coïncider une série de trois vols (Wellington/Auckland/Tahiti/Mangareva) dont certains ont des fréquences rares, avec le passage du *Claymore* à Mangareva, une dizaine de fois par an. Autant dire qu'elle n'est venue qu'une fois.

rit et on boit. En un tour de main, les membres de l'équipage font surgir un pot de peinture, des perruques et des pagnes, et voilà les représentants de Sa Majesté la reine Elizabeth II d'Angleterre grimés comme des bizuths à un bal masqué d'école de commerce. Le capitaine fait un petit discours d'intronisation, on arrose de bière et de popcorn les impétrants perruqués, on chante, on danse... Bref, on se détend sans prêter attention au capitaine qui immortalise les moments les plus cocasses de la petite fête. Quelques mois plus tard, alors que l'affaire connaît désormais un retentissement énorme dans le monde anglo-saxon, les grands benêts de juges découvriront le pot aux roses de leur Pot au Noir à la une des grands journaux d'Auckland, avec une série de légendes assassines commentant leur désinvolture et leur mépris pour les victimes éventuelles et les hommes mis en cause... L'affaire remontera jusqu'au ministère de la Justice à Londres, où les photos arrivent, qui avertira toute l'équipe qu'il n'y aura pas de séance de rattrapage. À la prochaine incartade, ils seront démis. À Londres et à Auckland, les ministres fulminent, mais démettre les juges, c'était donner le point aux « hommes ». Pas question. Le vent du boulet a soufflé. L'opération perruque a échoué d'un cheveu... Les juges, entretemps, auront bien eu le temps de constater que les liens d'amitié et les liens familiaux prévalent sur toute forme de justice pour la plupart des îliens et des marins, et qu'ils sont parfaitement isolés face aux crimes des « hommes ». Un peu tard.

Très vite, l'enquête sur la transmission des photos mettra en cause les marins, sans déboucher sur aucune condamnation[56], et Steve Christian qui se vantera lui-même d'être à l'origine de la publication des photos. Une perquisition sera ordonnée pour la saisie de son ordinateur, mais le maire de l'île sera mystérieusement averti et

---

56. Aucune preuve ne pourra confirmer les soupçons sur les marins.

aura le temps de détruire le disque dur. Le Haut-Commissaire, Leon Salt, fera les frais de la plaisanterie. Sa complicité directe n'est pas établie, mais son lien avec les îliens, son opposition revendiquée aux procès et la logique policière feront très rapidement remonter l'enquête jusqu'à lui.

Pour les magistrats, le coup est passé tout près. Certes, la machine judiciaire est désormais bien enclenchée, mais, compte tenu des résistances, du contexte international, des pressions de toutes sortes et des connivences, surtout compte tenu du recours au *Privy Council* de la Reine... Nul ne peut affirmer avec certitude ce qui serait advenu si les juges avaient été démis.

En 2002, les policiers accumulent encore patiemment des témoignages. Mais le combat psychologique est rude, car une déposition signée n'est pas, on le sait, une garantie de présentation au tribunal. Le «*pitcairn phone*» fonctionne souvent plus vite que la rumeur. Dès qu'une femme est entendue par la police, elle est «assiégée» par les accusés, leurs familles, sa propre famille, comme on l'a vu dans le cas des enfants «Belinda et Jennifer», comme ce sera le cas pour Darralyn et Charlene[57]. *A contrario*, les policiers reçoivent de nombreuses confessions qui les confortent dans leurs soupçons, mais dont les auteures refusent la concrétisation au tribunal, comme cette mère de famille qui dit avoir plusieurs fois dû «chasser X... qui tentait de rentrer par la fenêtre dans la chambre de ma fille». Parfois même, les femmes qui soutiennent les «hommes» se trahissent. Kathy Marks rapporte, dans *Lost Paradise*, les propos ambigus de la mère de Charlene et Darralyn qui s'égare continuellement entre son soutien affiché au «système de Pitcairn» et, confie-t-elle à d'autres moments, «la méfiance dont on doit toujours faire preuve quand

---

57. Voir chapitre suivant.

les "hommes" sont dans les parages.» Certains témoignages sont particulièrement poignants, comme ces mots d'une femme mariée, exilée en Nouvelle-Zélande, en thérapie depuis dix ans, qui explique qu'elle s'est d'abord opposée aux viols à répétition, mais qu'elle était aussi battue à la maison et qu'on ne l'écoutait pas, de telle sorte qu'elle a «fini par consentir parce que c'était beaucoup plus simple, comme une abdication». Au total, le procureur Simon Moore estimera, dans une interview à une radio néo-zélandaise[58], que les cas révélés ne sont que «la partie émergée de l'iceberg, ne constituant qu'un tiers de ce qu'on a découvert». En d'autres termes, la police aurait des soupçons et des confessions non confirmées pour environ deux cents autres plaintes possibles. C'est le plus grand système organisé de viols d'enfants jamais mis à jour.

Outre la véritable guerre de tranchée que leur livre le maire Steve Christian, les policiers doivent aussi faire face aux coups tordus du fils, Randy, très «actif» dans le rôle d'influenceur des témoins potentiels. Randy est le plus gravement accusé de tous. Cela ne signifie pas, compte tenu du contexte, que c'est le plus coupable. C'est juste, dira un policier au tribunal «celui contre lequel nous avons le plus d'évidences». À 30 ans, le fils du premier magistrat de Pitcairn est accusé de cinq viols et sept attentats à la pudeur, commis entre 1988 et 1999 contre quatre victimes, dont une fillette de 7 ans. Randy reconnaît les relations, mais nie les viols malgré les témoignages accablants.

De l'enquête qui dure plus de quatre ans, il ressort que le rôle de la famille Christian, et particulièrement celui de Steve Christian, le maire en exercice, est central. Une femme, témoignant sous anonymat à Auckland, dira de lui qu'il était une sorte de mafieux

---

58. Interview de Simon Moore, *radio New Zealand*, 26 octobre 2004.

V. « Ici, le sexe, c'est aussi naturel que manger à table »

«avec un harem à sa disposition», qui choisissait toujours en premier et qui pensait de son devoir d'initier les filles de l'île, abusant de certaines une seule fois, revenant souvent vers d'autres : «Un jour, je lui ai demandé pourquoi il me faisait ça, il m'a répondu en souriant : "mais parce que je t'aime bien"». Il était sans doute horriblement sincère. Avec le cynisme niais qui accompagne souvent l'absence de morale et de respect de soi, un autre accusé, Terry Young dira même aux enquêteurs qu'«il fallait bien qu'on les prenne de plus en plus jeunes parce qu'à partir de 12 ans, elles étaient toutes réservées pour Steve...» Ici, le sexe c'est comme passer à table... Terry Young est un homme simple avec une capacité réduite à s'extraire de l'immédiat et du réel qu'il s'est forgé. Lors de ses différents interrogatoires, il a avoué plusieurs agressions, sur des enfants âgés de 7 à 13 ans. Il reviendra ensuite sur ses déclarations. Sur les conseils de Steve ? Les enquêteurs le soupçonnent, mais ce sera impossible à établir.

Dave Brown, qui reconnaît également les faits, déclare « avoir agi par amour ». Son « amoureuse » a 13 ans. Dave bénéficiera du retrait fort opportun du témoignage de Darralyn[59].

Au beau milieu de l'enquête, l'une des mesures les plus difficilement acceptées par les Pitcairners, sur insistance de la police, a été la confiscation des armes à feu. Tout le monde est armé dans l'île «mais personne n'a jamais tué personne»[60], argumenteront les «hommes» qui verront dans cette confiscation une simple brimade à leur égard. Leurs armes servent le plus souvent à faire tomber les noix de coco inaccessibles, de temps en temps à tirer quelques cabris, un requin par-ci par-là... Qui peut penser qu'un

---

59. Voir chapitre suivant.
60. C'est faux bien sûr. Les « guerres de Pitcairn » ont failli tuer tout le monde. Il y a eu aussi le meurtre d'Alta Warren.

agent de Scotland Yard pourrait voir sa vie menacée dans l'île ?
Pourtant, quelques semaines plus tard, Steve Christian répondra
avec froideur et détermination au procureur Simon Moore, qui
l'interroge au sujet de la possession d'armes à feu : « Si je veux tuer
vos flics, je ne tirerai pas dessus, je ferai en sorte qu'ils glissent
de la falaise McCoy... » Ce n'est pas une menace, juste une hypothèse, mais à côté de Steve, dans la salle commune d'Adamstown,
le policier Robert Vinson n'en mène pas large[61]. On le comprend
d'autant mieux à la lumière de l'histoire mouvementée de Pitcairn
« qui compte de nombreuses morts non élucidées pour le moins
douteuses », confia Jane Moverley dans une déclaration au bureau
du Haut-Commissariat. Elle se référait alors notamment à l'affaire
d'Alta[62], mais aussi aux menaces de mort proférées à l'encontre
de While Floyd, qui faisait office de policier dans l'île dans les
années 1950, et s'était ingénument mis en tête de défendre la loi
dans l'île. Rapidement lâché par sa hiérarchie, il souffrit lui aussi
les pires vexations de la part des Pitcairners. Dans les années 1970,
le *magistrate* de l'île signale dans un rapport au bureau du Haut-
Commissariat qu'il n'a « jamais eu à siéger » et que « la prison est vide
parce qu'il n'y a pas de crimes ». C'est Brian Young. Le successeur
« policier » de Floyd, c'est... Vernon Young. Pour lui aussi : R.A.S. :
« Je n'ai aucune raison de mettre qui que ce soit en prison ». Les
deux n'auront à souffrir d'aucune brimade durant leur « mandat »
et se féliciteront de la félicité qui règne dans l'île. On sait désormais
que la période des années 1970 était particulièrement violente pour
les enfants puisqu'ils étaient encore nombreux, une vingtaine, à
l'école. Mais les institutions n'ont rien vu...

---

61. Propos rapportés par Kathy Marks dans *Lost paradise, op. cit.*
62. Voir chapitre X.

V. « Ici, le sexe, c'est aussi naturel que manger à table »

À la fin de l'enquête à Pitcairn, les policiers et les services du procureur fournissent aux magistrats néo-zélandais délégués à la justice anglaise un dossier répertoriant quatre-vingt-seize crimes et délits, soixante-quatre chefs d'accusation, dont vingt et un viols, quarante et un « assauts d'indécence » et deux « assauts de grande indécence », commis sur des enfants âgés de 3 à 14 ans, entre 1964 et 1999. Treize hommes seront poursuivis pour ces faits : six d'entre eux[63] domiciliés en Nouvelle-Zélande, les sept autres résidant dans l'île.

Tout est en place pour le début des *trials*. Dave Brown et Dennis Christian ont reconnu les faits. Les autres plaideront « non-coupables ».

---

63. Parmi lesquels Ronnie Christian, 33 ans, Kay Brown, 46 ans, Brian Young, 48 ans et Albert Reeves, 78 ans.

VI.
Des juges et des « hommes »

20 juin 2012, Adamstown, Pitcairn Island

« Et qu'est-ce qu'on aurait dû faire ? » Je suis arrivé depuis une semaine environ dans l'île. Je discute avec ma logeuse, en buvant un thé au miel de Pitcairn. Nous attendons que Turi revienne de la pêche.

Darralyn est au bord des larmes et peut-être, au fond, pas si convaincue d'avoir fait le bon choix... « Si, si, plus j'y pense, plus je crois que nous avons eu raison, qu'est-ce que les autres ont gagné au fond ? En quoi le mal qui a été fait a-t-il été réparé ? » Bonne question.

Ma gentille logeuse est l'une de celles qui ont d'abord témoigné contre leurs agresseurs puis se sont rétractées. Elle n'a pas de regret. Elle ne nie pas les pressions exercées afin qu'elle revienne sur sa déposition : « Évidemment, ça s'est passé aussi clairement que ça. Ma mère m'a dit qu'elle couperait les ponts avec ma sœur et moi si nous maintenions ce que nous avions dit à la police. Alors, on a réfléchi ».Pour Darralyn et Charlene, sa sœur cadette de deux ans, aujourd'hui maire de Pitcairn à la place d'un violeur, tout commence en Nouvelle-Zélande, en 2000, par un coup de fil des enquêteurs. Sont-elles prêtes à témoigner à propos de ce qui se passe dans l'île ? À propos de quoi ? demande Darralyn, mais elle le sait déjà... « Même si on finit par penser que c'est une forme de normalité parce que ça arrive à tout le monde depuis toujours dans cet endroit du monde, au fond, on sait que ces comportements ne sont pas vraiment respectueux ou même humains, mais on intègre ça et on le garde en nous »... jusqu'à ce qu'une soupape saute. Le coup de fil de la police anglaise a été cette soupape pour Darralyn. Elle et sa sœur réalisent soudain, dans le premier échange qu'elles ont avec les détectives, qu'on ne leur a jamais donné l'occasion de parler de leur souffrance. Et cette formalisation va donner corps à une réalité qui se définit à mesure que les mots l'évoquent. Leur esprit chemine et le discours se construit seul. À mesure que se connectent l'inné et le construit, l'instinct et le social, les deux sœurs finissent par nommer la réalité de leur enfance volée, violée. Alors, sans vraiment réfléchir aux conséquences, « juste parce qu'il fallait que ça sorte », Darralyn et Charlene s'épanchent... « Encore aujourd'hui, quand j'y repense, je me dis que ça m'a fait tellement de bien », murmure-t-elle dans un sanglot retenu.

Alors, pourquoi ne pas être allée au bout de cette réparation ? « Parce qu'une réparation, c'est aussi peser le pour et le contre, est-ce que je me réparerai mieux, isolée à Auckland dans un appartement sordide en attendant que Turi revienne du bureau d'aide sociale ou bien est-ce que j'ai plus de chances ici, où je suis née, dans ma jolie maison, à faire du pain pour les autres en attendant que Turi rentre de la pêche ? » Darralyn a réfléchi à sa condition.

Elle ajoute d'ailleurs : «C'est triste, mais crois-tu que les autres soient si réparées ?»

Charlene, sa sœur, reviendra aussi sur ses déclarations initiales. Elle ajoutera même, lors d'une rencontre organisée par les «femmes de l'île» avec les six seuls journalistes accrédités par la Grande-Bretagne pour couvrir les *trials*, qu'elle a été victime d'une tentative de corruption de la part de la police. On lui aurait proposé 4 000 dollars pour déposer. C'est évidemment faux et Charlene n'a pas maintenu son accusation. Mais Darralyn confirmera, lors de la même rencontre, que les pressions policières ont été réelles pour ces deux femmes peu au fait du déroulement d'une enquête de police : «On vous parle fort, tout simplement, la police vous gronde et comme vous êtes déjà déstabilisée par ce que vous avez vécu et par le contexte officiel, vous voulez en finir, vous allez dans leur sens». Darralyn et Charlene sont d'autant plus disertes qu'elles se sentent confortées. Jaqui a parlé avant elles. Et d'autres, les enfants d'aujourd'hui, Belinda[64], Jennifer... Avant de se décider pour la rétractation, les deux sœurs ont pesé le pour et le contre de leur dilemme, et choisi l'oubli et le non-dit. Et Pitcairn, leur île.

Dès le début de l'enquête, le Haut-Commissaire Leon Salt a averti les policiers du danger de la rétractation : «Vous récoltez des témoignages qui vous exploseront dans les doigts, un par un».

Quelques semaines à peine après avoir retiré son témoignage, Darralyn revenait à Pitcairn et s'installait avec Turi sur le joli terrain où nous avons cette conversation. Elle ne le dit pas, mais le

---

64. Certains prénoms de victimes ont été modifiés. Les témoignages de Darralyn et Charlene, recueillis directement par l'auteur, celui de Jaqui, la première et la seule à parler à visage découvert devant les caméras, sont reportés sous leurs vrais noms. Au contraire, les noms de Belinda, Jennifer, etc., sont fictifs, inventés par Kathy Marks dans *Lost Paradise, op. cit.*

marché apparaît clairement : « Il a fallu choisir entre ma famille et la vérité, j'ai choisi ma famille, est-ce que c'est si mal ? » Darralyn a reculé devant le vertige d'une vie d'adulte qui commençait sous les pires auspices, non seulement loin des siens, mais contre les siens. « Je n'étais pas capable d'envisager ça, c'était vertigineux, j'ai eu peur, c'est tout ».

À la police, afin de justifier son retour en arrière et de ne pas encourir de poursuites du type « outrages » ou « faux témoignage », Darralyn dira qu'elle n'est « plus très sûre », que « c'était du sexe jeune, mais est-ce que c'était vraiment forcé ? » Ingénument, Darralyn coupe la poire en deux : « C'était plutôt 50 % du sexe consenti et 50 % un viol... » Est-ce que 50 % d'un viol, ce n'est pas, complètement et absolument, un viol ? « Bien sûr », dit Darralyn doucement...

Dans les yeux de ma logeuse, je lis l'évidence des agressions subies. Celles qu'ont subies toutes les femmes de l'île depuis que l'île est peuplée. Mais après ? Darralyn a posé la bonne question. Qu'est-ce qu'ont gagné les autres ? Qu'est-ce qu'a gagné Jaqui qui souffre encore tellement aujourd'hui ? Darralyn, elle, a gagné un terrain, un mariage heureux et une vie « à peu près apaisée » auprès des gens avec qui elle a grandi, y compris Dave Brown qu'elle et Turi croisent tous les jours ou presque.

Darralyn ne regrette rien. Mais aurait-elle maintenu sa déposition si sa mère l'avait soutenue ? Darralyn hausse les épaules sans répondre, elle pleure.

Le juriste français, Louis Assier-Andrieu, s'est intéressé de près aux procès de Pitcairn. Il n'y va pas par quatre chemins. Dans un très long article[65] paru après les derniers recours et l'exécution des peines, il

---

65. Louis ASSER-ANDRIEU, « Le crépuscule des cultures : l'affaire Pitcairn et l'idéologie des droits humains », in revue *Droit et société*, 2011.

tente d'apporter un éclairage technique sur les procès tout en considérant l'angle politique et diplomatique. L'avocat, ancien enseignant à Sciences Po, oppose le droit coutumier de la petite nation pitcairner à une idéologie internationale dominante qu'on aurait tenté de lui imposer par la force. Sa démonstration est tendancieuse, ses attendus sont même parfois abjects, mais sa conclusion est intéressante et met en lumière le cynisme et la *realpolitik* de l'Angleterre. Surtout, Assier-Andrieu montre clairement comment la Grande-Bretagne a utilisé, dès le début de l'affaire, le scandale en sa faveur en faisant largement oublier ses fautes et en opérant une violente reprise en main coloniale[66].

Dès l'ouverture de sa tentative de démonstration, Assier-Andrieu pose un présupposé qu'on sait hypocrite et erroné : la prétendue liberté des mœurs dans l'île de Pitcairn, due à l'ascendance polynésienne des habitants et au soleil du Pacifique! C'est un contresens historique et sociologique complet. En admettant, ce qui reste à démontrer, que les Pitcairners ne sont pas des Anglais, ils ne sont en tout cas pas des Polynésiens. Leur mode de vie, leur religion, leur gastronomie, leur rapport à la famille, au travail, à l'information... tout les éloigne et même les oppose aux usages polynésiens. Leur partielle ascendance tahitienne remonte désormais à neuf générations. Dirait-on aujourd'hui que les immigrés de 1910 des mines du nord de la France sont des Polonais ? Que les Triestins ne sont pas italiens ? Le temps, l'évolution sociale sont des facteurs d'intégration inarrêtables. Et ils agissent mieux et plus vite encore quand l'isolement limite les contacts. À la pêche avec Turi, j'aurai l'occasion de constater la nostalgie des mœurs de sa Polynésie natale, des îles Cook, qui l'habite. Turi regrette «les

---

66. Voir chapitre suivant.

danses, les fêtes, le Ahi Ma'a »[67], sans compter, me confiera mon compagnon de pêche, que « nous les Polynésiens, on aime rigoler tout le temps, ici c'est beaucoup plus dur… ». Dirait-il alors qu'il n'est pas un Pitcairner : « Bien sûr que je me sens à la fois Pitcairner et polynésien, mais ceux qui descendent des Anglais, crois-moi, ils n'ont rien de polynésien ».

D'ailleurs, en admettant même, au nom du droit technique, la négation ou l'oubli de la part du juriste, des soupçons et des accusations rétractées de viols et d'actes indécents sur des enfants âgés de 3 à 10 ans, il suffit de prendre l'affaire par l'autre bout pour faire émerger l'absurdité de l'argument : est-ce que la culture polynésienne permet, promeut, accepte ou simplement tolère les relations sexuelles entre des préadolescentes et des adultes de dix à trente ans plus vieux ? La réponse est non. Objectivement, culturellement, ontologiquement non. Mais peut-être alors est-ce un effet de la colonisation française, qui aurait imposé ses mœurs « rigides » à des sociétés polynésiennes plus « légères » ? Après tout, la France a peut-être mis fin aux « relations sexuelles en sous-âge »[68] comme elle a mis fin au cannibalisme dans certaines îles des Marquises ou des Australes ? Peut-être que les sociétés polynésiennes ancestrales pratiquaient les relations sexuelles entre enfants, préados et adultes ? Encore non. En la matière, les travaux de Serge Tcherkezoff[69] ont notamment montré que ce fantasme est une « utopie occidentale masculine » résultant d'une surinterprétation des premiers explorateurs français et anglais

---

67. Le Ahi Ma'a ou « four polynésien » consiste à cuire à l'étouffée, dans un trou de terre couvert de feuilles de bananiers et de braises, un cochon de lait ou de gros poissons.
68. Le terme utilisé en anglais est difficilement traduisible. Cette expression rend compte du *Underage sex relations*.
69. Serge Tcherkezoff, chercheur au Centre de Recherche et de Documentation sur l'Océanie (CREDO), in *Utopies sexuelles*, Presses Universitaires du Mirail, 2005.

du sens de l'accueil des Polynésiens. Certains voyageurs illustres, Bougainville en tête, iront jusqu'à écrire que les îliens invitent les marins à « entrer dans les maisons, on leur donnait à manger [...] ils leur offraient des jeunes filles. La terre se jonchait de feuillage et de fleurs, des musiciens chantaient... » Le délire est total, mais le mythe se nourrit aussi – d'abord – de ces excès, de ces mensonges. Plus crédibles, Cook[70] ou Lapérouse[71] décrivent des séances impliquant de très jeunes filles offertes, entourées de danseurs... séances que les lecteurs bourgeois parisiens ou londoniens du XVIIIe siècle transforment allègrement en invitations lubriques. En réalité, Cook ou Lapérouse ont assisté à des cérémonies en ode à des Tikis de fécondité, effectivement adressées aux voyageurs européens, en qui les Polynésiens voyaient des chefs sacrés. L'offrande de la jeune fille n'était donc qu'une allégorie destinée à célébrer les Européens et aucun acte de chair n'était jamais consommé. Mais le mythe était en marche. Ironie de la légende : en prenant de l'ampleur dans les gazettes du monde anglo-saxon, l'affaire de Pitcairn est aussi régulièrement « augmentée » d'épisodes scabreux. Dans le *Guardian*, Jeanette Winterson[72], une journaliste réputée, écrit qu'à Pitcairn « des filles sont offertes aux voyageurs de passage et aux touristes pour combler les pertes économiques dues aux baisses des ventes de timbres de collection »...

Au XIXe siècle, Tahiti et les îles du Pacifique véhiculent un imaginaire sensuel et libertin. La peinture de Gauguin ou les récits

---

70. James COOK, *Journal de bord, escale à Tahiti*, 1771. Du récit de Cook et de celui de Bougainville, Voltaire ajouta à la légende en posant très arbitrairement en 1775 la conclusion que « Quand le Français et l'Anglais sont d'accord, il est démontré qu'ils ne nous ont pas trompés. Je suis encore de l'île de Taïti, j'y admire [... leur] service divin [qui] consiste à faire coucher ensemble un jeune homme et une jeune fille tout nus, en présence de Sa Majesté et de cinq cents courtisans et courtisanes. »
71. Jean-François de LAPÉROUSE, *Récit d'expédition en terre samoane*, 1787.
72. Jeanette WINTERSON, *"Who's guilty of teenage sex?"*, The Guardian, 15 mai 2001.

de Stevenson ou Kipling imposent aussi un univers trompeur, mais il ne s'agit que de la projection de leur vision, voire de leurs phantasmes, sur une culture qu'ils ne comprennent que de manière superficielle. La Maison du Jouir de Gauguin était une exception montrée du doigt et les condamnations pour relations sexuelles avec des filles trop jeunes existent dans la culture polynésienne. Cela se traduit dans le droit. L'âge légal du consentement aux relations sexuelles est plus bas au Canada[73] que dans la plupart des nations polynésiennes!

À leur arrivée à Tahiti, les marins découvrent bien des plages de rêve et des femmes torse nu. Mais elles n'enfreignent aucune règle morale dans leurs îles. Et si le carcan des dogmes européens n'emprisonne pas les corps, c'est d'abord la projection paradoxale de la morale anglicane sur la vie dans les îles Sous-le-Vent qui fait des Polynésiennes des femmes accessibles à tous les hommes. De la même manière, des sociétés hermétiques dans lesquelles des femmes sont enfermées tendent à considérer que les femmes d'Europe ont des mœurs légères parce qu'elles ne couvrent pas leurs cheveux! Au nom de cette morale, les missionnaires anglais ont assassiné le peuple des Yamanas du Horn[74].

Reste qu'en matière de mœurs, toutes les études confirment que les sociétés polynésiennes – à considérer, par pure hypothèse, que

---

73. 14 ans au Canada, 15 en Polynésie française, 16 aux îles Tonga ou Samoa.

74. Les Yamanas sont des Indiens qui vivaient en Patagonie, dans la région du cap Horn jusqu'à la fin du XIXe siècle. Les missionnaires n'eurent de cesse de leur inculquer leurs manières chrétiennes. Ils tentèrent notamment de leur imposer la chemise et le pantalon, afin de respecter Dieu, la colonie et le savoir-vivre. En quelques années, les Yamanas moururent des grippes qu'ils contractaient en cascade, car la toile de lin lourde et gardant longtemps l'humidité s'accommodait mal du climat pluvieux du Horn. De récentes recherches ont montré que les Yamanas avaient une température corporelle supérieure de plusieurs degrés à la température européenne, ce qui leur permettait de vivre nus dans des régions très froides.

Pitcairn en constitue une – ne correspondent pas aux clichés de permissivité que les mythes qu'elles ont fait naître en Europe ont pu laisser croire. Moins encore y tolère-t-on sous quelque forme que ce soit la pédophilie ou le viol. En arguer pour justifier des relations sexuelles entre des hommes de 25 à 50 ans et des enfants de 10 à 15 ans est un égarement scientifique et moral total.

Afin de contrer cette « excuse » portée par la défense, un argument de logique pure fut soulevé par les enquêteurs : « Si ces gens se considèrent comme légitimes dans ces pratiques que notre société condamne, pourquoi n'ont-ils eu de cesse d'en réduire les effets ou de les cacher ? » Reste que l'enjeu psychologique de l'argument est fort. Répété à l'envi, il atteint son objectif : introduire dans l'opinion publique et chez les magistrats un biais cognitif de vérité illusoire... Un doute. C'est un argument faux, basé sur rien, mais dans l'édifice défensif construit par les avocats, il est un rempart supplémentaire entre la justice et les crimes commis.

Le deuxième argument puissant de la défense des « hommes » est le chantage à la disparition : « Rendez-vous compte, c'est la mort de l'île si vous enfermez nos hommes ! », dit Meralda Warren qui prend le parti, depuis le début du scandale, de défendre ses « hommes » coûte que coûte contre ce qu'elle appelle un « complot ». Elle agite ce chiffon rouge devant tous les médias qui l'interrogent : cette affaire serait bien la preuve qu'on veut la mort de Pitcairn puisqu'aussi bien, enfermer les hommes revient à empêcher l'île de fonctionner. À Sydney et à Auckland, des universitaires[75], des politiques, d'anciens habitants martèlent que l'île est morte si les hommes vont en prison. L'utilisation de

---

75. John CONNELL de l'université de Sydney déclare notamment que « les hommes doivent peut-être être condamnés, mais il faut les libérer au moins pour faire fonctionner la chaloupe, sinon on va punir toute la communauté. »

VI. Des juges et des « hommes »

cet argument est une véritable prise en otage morale à laquelle se livrent les avocats et les accusés. Steve, notamment, ne perd pas une occasion de clamer que sa condamnation sera celle « de l'île tout entière et de leur mode de vie »[76]. On sait bien que c'est faux et mon copain Pawl, parce qu'il est honnête et qu'il a choisi de l'être coûte que coûte, l'a dit et répété à la police : « Non, l'île ne mourra pas si les accusés vont en prison ». Les hommes en âge de travailler au moment des *trials* sont au nombre de dix-sept dans l'île. En admettant même que les accusés soient tous condamnés, il en restera onze qui seront parfaitement capables de faire fonctionner les différents services – « ce n'est pas un travail si prenant » –, sans compter qu'on peut rappeler quelques anciens pour le service, que de nombreuses femmes peuvent se substituer aux hommes enfermés, et qu'on pourra toujours aménager des roulements dans l'exécution des peines. Pourtant, cet argument, totalement irrecevable, est largement considéré par les juges eux-mêmes, notamment au moment des verdicts... Dernier à intervenir, le défenseur général appelle la cour à tenir compte du fait qu'on parle de « cinquante personnes et pas cinquante millions en Angleterre ».

Le Français Louis Assier-Andrieu appuie sa thèse sur la dialectique du faible contre le puissant. David-Pitcairn contre Goliath-Angleterre, droit des petites nations, droit coutumier, presque droit des minorités contre écrasement de la philosophie occidentale des libertés... « L'Affaire Pitcairn, affirme-t-il, c'est une culture tangible soudainement saisie par les droits humains [...] dont le traitement juridictionnel fut vécu comme une question de vie ou de mort par la communauté insulaire. » Tout fait question dans cette phrase. On a vu que la survie de l'île n'est pas en jeu. Mais y a-t-il jamais eu une

---

76. Notamment dans le film *Trouble in Paradise* de Nick GODWIN.

«culture tangible» à Pitcairn ? Il y a une langue créolisée, un lieu de vie original, une histoire extraordinaire... Mais les Picards ou les Maoris de Tonga ont aussi une langue et une histoire... d'ailleurs plus riches et plus anciennes! Cela exclut-il ces «cultures» des enjeux universels de nature? Quelle «culture» propose donc qu'on viole «tangiblement» des enfants âgés de 3, 6 ou 12 ans?

Assier-Andrieu ne donne évidemment aucune interprétation politique de la position morale qu'il défend. Mais elles existent : à droite, on dénoncera un avatar postmoderne droit-de-l'hommiste, à gauche une extrémisation intersectionnelle du droit à la différence... Dans les deux cas, c'est simplement indéfendable.

Les plaidoiries individuelles des avocats évoquent aussi, à la marge, l'enjeu de compétence du tribunal puisqu'un recours est d'ores et déjà déposé à Londres, en cours d'examen. En revanche, ils se livrent à une véritable entreprise de révision historique, une contestation négationniste des faits en utilisant tout le répertoire agnotologique de la fabrique du doute, arguant ici qu'un lieu décrit pour un viol ne pouvait être considéré, car il était «trop exposé à la vue», là que «violer quelqu'un dans un champ de canne à sucre est trop inconfortable», là encore qu'il pleuvait ce jour-là... Surtout, ils s'acharnent dans d'odieuses tentatives de démonstration du «consentement» d'enfants de 15, 14, 12 et même 7 ans! Allan Roberts, l'avocat de Randy va même jusqu'à accuser l'une des victimes, une fillette d'une dizaine d'années au moment des faits, d'être «une menteuse froide, cruelle et vengeresse, prête à tout pour faire parler d'elle» et qui n'aurait porté plainte que parce qu'elle était «déçue d'avoir été délaissée» par Randy Christian... Le consentement des victimes est également évoqué pour la défense de Steve, de même que la «rareté des hommes jeunes dans l'île» censée expliquer, par l'absurde et la nécessité, que les

VI. Des juges et des «hommes»

jeunes filles entretiennent traditionnellement des relations avec des hommes plus âgés qu'elles. Ce à quoi le procureur répond que « ce n'est pas la différence d'âge le problème, c'est l'âge des filles et le consentement. »

Le 24 octobre 2004 au soir, les verdicts sont rendus. Jay Warren, l'ancien « magistrat »[77] de l'île, est acquitté pour manque de preuves. Les six autres inculpés sont reconnus coupables des crimes et délits dont ils sont accusés. Steve Christian : trois ans pour cinq viols[78], libérable à neuf mois. Randy Christian : six ans pour six viols, libérable à vingt-quatre mois. Dennis Christian : trois cents heures de travaux publics pour deux viols, il a été tenu compte des excuses présentées dans un courriel envoyé à la victime et des « profonds remords » exprimés devant la cour. Dave Brown : quatre cents heures de travaux publics pour neuf assauts indécents[79]. Terry Young cinq ans pour trois viols, libérable à douze mois. Len Brown prend deux ans pour deux viols, mais est autorisé à accomplir sa peine à la maison, compte tenu de son âge.

Les peines prononcées ne sont pas conservatoires, en attente de la décision du Conseil privé de la Reine sur la légitimité du pouvoir judiciaire de la Grande-Bretagne à Pitcairn. L'après-midi, les hommes sont à la pêche ou au bar. La semaine suivante, ils refuseront de se présenter au quai pour manœuvrer le *longboat* censé emmener les juges et les journalistes à bord du *Claymore*.

C'est bien peu écrire que les verdicts sont ambigus. Ils ne répondent ni aux jurisprudences en la matière ni à aucune espèce de norme médiane dans les pays occidentaux. En Angleterre, les « hommes »

---

77. De même que le Conseil de l'île nomme un « policier » (Meralda), il désigne aussi une sorte de « juge de paix ». Jay Warren occupait cette fonction au moment des faits.
78. Il est innocenté d'un sixième viol et de quatre attentats à la pudeur.
79. Dave Brown échappe de justesse, pour insuffisance de preuves, à l'accusation la plus grave, celle de viol sur une fillette de moins de 4 ans.

auraient probablement été condamnés à des peines trois à cinq fois plus lourdes, au-delà des dix années d'emprisonnement pour les plus coupables d'entre eux. Ici, ils sortent en souriant du tribunal pendant que les victimes se terrent en Nouvelle-Zélande. C'est que le verdict est d'abord une réponse diplomatique qui renvoie à une tout autre exigence que celle d'une justice équitable et sereine. Il s'agit de ne pas se mettre définitivement à dos la population de l'île ; de reprendre la main dans une perspective coloniale, mais aussi de ne pas sur-alerter l'opinion anglaise ou les observateurs de la presse par des verdicts donnant paradoxalement, du fait de leur lourdeur, la mesure des crimes commis...

L'année suivante, en 2005, se conclura en Nouvelle-Zélande le procès de six Pitcairners non-résidents, parmi lesquels un autre fils de Steve Christian, Shawn, qui affrontent quarante et un chefs d'accusation. Il faudra attendre 2007 pour la condamnation du dernier, Brian Michael Young, à six ans de prison. Les peines sont toutes en accord avec celles prononcées à Pitcairn l'année précédente, et autant en désaccord avec la morale et la jurisprudence.

Pourtant, tous les condamnés font appel.

Les appels seront jugés en Nouvelle-Zélande et retransmis par liaison vidéo à Pitcairn, de même que, plus avant de quelques mois encore, le procès séparé de Shawn, où sa principale victime, Belinda, paraîtra derrière une vitre foncée pour qu'il ne la voie pas.

Pawl se souvient : « Tout le monde était sur la place, c'était surréaliste, il y avait là les accusés et les gens de l'île qui se divisaient en pour et contre ». En deux temps, avril à Papakaru et mai à Auckland, les condamnations de première instance sont confirmées. Cette fois, les avocats ont plaidé l'ignorance de la loi. En substance : « Puisque la loi anglaise n'avait jamais été appliquée à Pitcairn, les accusés ne pouvaient savoir qu'ils l'enfreignaient ».

Ce à quoi le procureur Moore opposa, une nouvelle fois, que Pitcairn n'était pas une zone de non-droit et que nul n'est censé ignorer la loi, même si elle n'a pas été officiellement affichée sur la place du village... Pour Assier-Andrieu, cet argument est, en droit, le plus problématique de tous. En effet, si la doctrine juridique britannique considère, comme l'écrit S. F. C. Milson[80], que « chaque sujet de Sa Majesté emporte la *common law* à la semelle de ses souliers », et que « si un pays inhabité est découvert et habité par des sujets anglais, toutes les lois anglaises y sont immédiatement applicables. » Il ne faut pas oublier que les sujets en question sont des pirates justement en rupture avec cette *common law*, qui ont *de facto* rejeté leur appartenance à la communauté britannique... De fait, le procureur Moore estime que l'appel de John Nobbs, successeur d'Adams, en 1838 à la protection de l'île de Pitcairn et de ses habitants par la Couronne britannique contre les exactions des baleiniers américains – appel entendu au-delà des attentes de Pitcairn même puisqu'il s'accompagne du pardon[81] – constitue une acceptation nouvelle de la loi britannique et de ce qu'elle implique. « Fort bien, disent en substance à leur tour les avocats, mais alors l'usage britannique implique que cette loi doit être promulguée et affichée à la connaissance de tous afin que nul n'en ignore ». Cela n'a jamais été le cas à Pitcairn. C'est du droit pur, mais c'est bien la fonction d'un tribunal que de juger en droit et non en morale...

Admettons. Reste que l'appartenance initiée en 1838 est ténue et ambigüe. Les pirates se soumettent-ils à la loi anglaise ? Pas vraiment, car en même temps qu'elle accorde son pardon et sa protection, la Grande-Bretagne avalise une constitution légale

---

80. Stroud Francis Charles MILSON (1923-2016) spécialiste d'histoire légale et d'histoire du droit, professeur émérite de l'Université de Cambridge.
81. Voir chapitre III.

locale qui se base sur les coutumes développées depuis l'arrivée des mutins, élaborée par la chefferie qu'est devenue Pitcairn, sans y adjoindre formellement la loi britannique. L'imbroglio devient total... et ne s'éclaircit guère avec l'Initiative Quintal. En 1854, John Quintal, descendant direct de l'intempérant marin de la *Bounty*, s'adresse directement à la reine Victoria par une communication écrite produite au tribunal, dans laquelle il demande expressément à la souveraine britannique si les Pitcairners peuvent ou non se considérer comme des sujets britanniques ! « On va donc enfin savoir », disent les juges ! « On va enfin savoir qu'on ne sait rien, répondent les avocats, puisque la reine ne répond pas ! » C'est un obscur secrétaire d'État, en rien dépositaire de la parole officielle de la Grande-Bretagne, qui envoie le message aux Pitcairners qu'ils peuvent sans doute se considérer comme anglais. Ce mépris et cette confusion seront encore au centre des débats du Conseil privé de la Reine en 2006.

Mais voilà qu'en 1897, un meurtre est commis dans l'île et dont les conséquences lourdes sont aussi évoquées en 2004. Harry Christian, aïeul de Steve, a tué sa femme Clara Warren et leur fille Eleonor. Rien que de bien usuel dans une île où l'on s'entretue depuis 1791... Sauf que cette fois le Conseil de l'île sollicite lui-même la justice anglaise ! Il y a donc un précédent ! « Peut-être bien, répondent les avocats, mais la Grande-Bretagne n'avait aucune légitimité pour intervenir judiciairement à Pitcairn, même sollicitée par le Conseil de l'île ». Qu'à cela ne tienne, après avoir pris soin d'accrocher solidement Harry Christian à un arbre haut, la Grande-Bretagne inclut, en 1898, Pitcairn dans la juridiction du ministère des Colonies[82] ! Cette introduction rétroactive ressemble

---

82. En conséquence, le *British Settlements Act* de 1897 est étendu à Pitcairn.

VI. Des juges et des « hommes »

fort à une exportation d'un système de valeurs à coup de massue...
À tel point, souligne Louis Assier-Andrieu, que le problème qui se
pose désormais est celui du *malum in se*, le jugement du mal en
soi. « Existe-t-il, interroge le juriste, des infractions universellement
condamnables ? », telles qu'elles autoriseraient un État à intervenir
sur un territoire étranger, ou dont l'appartenance fait débat au
nom d'une morale ou d'un système de valeurs universellement
reconnu ? L'administration américaine qui, d'Irak en Afghanistan,
s'est fait au XXe siècle spécialiste de l'exportation de la démocratie
pense sans doute que oui. Louis Assier-Andrieu pense que non. Et
les accusés de 2004 aussi. D'ailleurs, ça les arrange bien. Ce débat
infini les dépasse complètement. Ce qu'ils y comprennent est qu'il
est susceptible de leur éviter la prison. Le tribunal ne tranche pas
encore puisqu'on attend l'avis du Conseil privé de la Reine, mais
Simon Moore en est sûr : « La loi anglaise s'appliquera ».

VII.
Le déni anglais,
les mutinés de l'île abandonnée

21 juin 2012, Pitcairn Island, océan Pacifique

«Moi, si Pitcairn est indépendant, franchement ça m'arrange.»
Mon camarade lord et moi descendons prudemment les pentes de
sable rouge de Ned Young Ground. Face à nous, en contrebas, la
Saint-Paul's Pool brille de mille feux d'obsidienne et de turquoise.
Nous pensions pouvoir piquer une tête dans l'anfractuosité volcanique abritée de la pointe nord-est. Mais le vent du Chili lève de
hautes vagues qui écument sur les roches pointues, les débordent
et transforment la «piscine» en jacuzzi géant hyperactif. Alors,
tout en risquant nos vies sur la falaise abrupte, nous devisons de
l'avenir de Pitcairn et de la justesse de la décision du Conseil privé
de la Reine, rendue en 2006, qui valide la souveraineté anglaise.
Plus soucieux qu'on lui mégote au retour la validité de son visa
pitcairn que de la composition du Commonwealth et du prestige
de l'empire, Tom a bien compris que si l'île était indépendante,

son timbre de passeport ne souffrirait aucune contestation dans la compétition des cent visas qui l'oppose à d'autres dingues riches. Hors de ce challenge, il se fout royalement de l'appartenance des Pitcairners, mais ajoute que « de toute façon on ne peut pas prendre au sérieux les décisions d'une dame qui peut porter un tailleur jaune canari avec un sac bleu canard ». Je partage son point de vue. J'objecte cependant que l'argument est bien faible pour estimer la légitimité et la compétence d'une institution officielle et vénérable. Tom en convient et m'en propose un bien meilleur : c'est une pièce de 2 euros qu'il sort de sa poche : « Ce n'est pas très *fair* de dire ça, mais crois-tu vraiment qu'une souveraine, à travers une petite assemblée qui, presque entièrement dépend d'elle, se risquerait à désapprouver une décision judiciaire soutenue par un pouvoir exécutif qui veille chaque année à ce que lui soit allouée une dotation de cent millions d'euros nets d'impôts ? Cette pièce, c'est ce que donne chaque Anglais chaque année à cette dame. Pour ça, elle entérinerait que la terre est plate. » Tom est un lord révolutionnaire. Mais son argument est convaincant. De fait, quand, en juillet 2006, l'affaire est finalement étudiée par le Conseil privé, toutes les parties savent que les dés sont pipés. Le Conseil confirme, le doigt sur la couture, la souveraineté de la Grande-Bretagne sur l'île Pitcairn et son droit absolu d'y exercer la justice. Enfin, pas tout à fait le doigt sur la couture puisque se produit un fait rarissime pour cet organisme d'habitude unanimiste... Lord Hope, membre éminent, fait publier un avis privé, se désolidarisant ainsi des conclusions du Conseil en faveur de l'appartenance britannique, avis privé dans lequel il interroge : « Est-il juste que la conduite de gens qui ont été laissés à eux-mêmes pendant des siècles soit jugée selon les critères avancés de civilisations bien différentes de la leur ? », tout en reconnaissant que « nous traitons de conduites que la *common law* a considérées comme criminelles depuis des siècles, et les accusés ne peuvent avoir eu aucun doute sur le fait que ce qu'ils ont commis constituait une conduite criminelle ».

Reste que, par la force d'une loi supérieure définitivement promulguée en octobre 2006, l'avis du Conseil privé met fin à toute l'affaire des viols de Pitcairn.

Début novembre 2006, les « hommes » dorment en prison.

D'un commun accord, Lord Tom et moi renonçons au suicide par précipitation hardie de deux frêles masses corporelles européennes au milieu d'un bouillonnement d'écume vrombissant entre les pointes rugueuses de colonnes de lave acérées comme des sabres d'abordage. Nous quittons Saint Paul's Pool pour rejoindre Adamstown. Il y a fête au village. C'est justement la semaine des célébrations du jubilé de la reine Elizabeth. Une petite cérémonie est organisée sur la grand-place de la capitale. Des enfants chantent. On boit de la limonade, on mange du cabri. Pawl fait un discours. Steve aussi. À première vue, une contribution populaire à la gloire de la Couronne britannique et de sa vétuste représentante. Mais je ressens une impression de fausseté, comme si tout le monde participait à un acte forcé et duplice. On fête la reine comme on appartient au culte adventiste : formellement, c'est-à-dire qu'on s'en fout du moment que les apparences sont sauves. À Pitcairn, on « hypocrite » la reine aussi bien que le premier juge venu ! Il suffit d'ailleurs de quelques heures dans l'île pour se rendre compte que l'Angleterre est une arlésienne pour ses habitants ! Même si, lors des procès, c'est sur le terrain du droit, et pas du ressenti, qu'il a fallu résoudre l'équation d'appartenance... Pour Pawl, le rapport à l'Angleterre des Pitcairners est schizophrénique : « On ressent une filiation, mais c'est une filiation d'enfant non désiré. » Celle d'un peuple colonisé ? « Non, parce que l'Angleterre n'a jamais été présente, sauf depuis les *trials*, c'est pour ça que tous les habitants, favorables ou non aux *trials,* se retrouvent pour critiquer l'opportunisme et le cynisme de l'Angleterre». La fibre anglo-saxonne des Pitcairners vibre-t-elle alors un peu plus à travers sa «proximité» – toute relative – de la Nouvelle-Zélande ? «C'est sûr, c'est là qu'on envoie nos enfants étudier, c'est là qu'on va quand on est malades...» Voilà précisément pourquoi l'Angleterre a joué le coup parfait en confiant à des juges kiwis la responsabilité de condamner les viols. On savait évidemment au *10 Downing Street* et dans les salons de la baronne Scotland que le rejet «populaire» aurait été beaucoup plus fort encore si les juges de la Couronne avaient débarqué directement de Londres!

Être ou ne pas être... anglais! C'est donc toute la question pour les Pitcairners, la police, les juges et la Couronne britannique. De la réponse apportée ont dangereusement dépendu les procès de 2004, car s'ils ne sont pas de nationalité anglaise, alors les Pitcairners ne sont pas assujettis à la loi anglaise et il est illicite de les juger, surtout chez eux. L'enquête elle-même devient illégale! Les jugements seront cassés. L'enjeu était crucial.

L'ancien maire Steve Christian, lui, est anglais quand ça l'arrange. En 2012, je l'entends souvent, lui comme d'autres, jurer contre l'Angleterre qui n'est pas son «putain de pays» et maudire la reine et ses sujets. Pour autant, dans le film de Nick Godwin[83], Steve n'hésite pas à revendiquer sa citoyenneté anglaise pour donner du corps à la trahison dont il se prétend l'objet : «Quand tu penses que j'ai reçu les représentants de la Couronne ici, que j'ai été invité à Buckingham pour le congrès des maires du Commonwealth, que j'ai déjeuné avec le prince Andrew!»

---

83. *Trouble in Paradise, op.cit.*

L'argument de la légitimité anglaise à intervenir à Pitcairn est le plus solide de la défense des « hommes ». Au-delà de l'aspect moral, la promesse de 1838 par laquelle la Grande-Bretagne s'engageait à protéger l'île et ses habitants n'a objectivement pas été tenue. Pitcairn a traversé deux siècles sans aucun soutien de l'Angleterre. Même les contacts physiques avec la « métropole » ont été rarissimes. Quelques officiels ont dérogé à la règle parce qu'ils sont tombés amoureux de l'île[84] ou parce qu'ils avaient une conscience aiguë de leur fonction, mais d'une manière générale, chaque nouveau Haut-Commissaire nommé se contentait d'une visite et d'encouragements. Et la situation n'a guère évolué de ce point de vue puisque l'actuelle gouverneure, Laura Clarke, si elle est venue deux fois quatre jours, s'est contentée de discours plats, de promesses en l'air et d'un film touristique de quatre minutes sur YouTube.

Pitcairn n'a pas été, toutes ces années, en état de dénuement, mais elle ne le doit qu'au courage et à l'ingéniosité de ses mutins, certainement pas à l'Angleterre. L'abandon plaidé par les avocats est une réalité alors même que l'ancienne puissance coloniale n'hésitait pas, à l'occasion, à tirer prestige de sa souveraineté sur l'île, à travers la littérature, le cinéma ou la diplomatie. N'oublions pas que Pitcairn est désormais la seule « possession » anglaise dans le Pacifique...

De même, au tournant des années 1960 et 1970, au plus fort des expériences nucléaires françaises dans les Tuamotu, l'Angleterre sut se souvenir qu'elle avait une île dans le Pacifique et y envoya

---

84. Au début des années 1940, le gouverneur Harry Maude passa plusieurs mois dans l'île et éprouva une sorte de « passion romantique » pour Pitcairn et ses habitants. Conscient du délaissement de la part de la Couronne, il tenta notamment d'y développer l'activité des timbres rares.

régulièrement, pour des séjours de plusieurs mois, une troupe de la *Royal Air Force*, histoire de contrôler un peu ce que faisaient ces damnés *frenchies*... Comme autrefois, elle installa une troupe à Tristan da Cunha pour prévenir une éventuelle évasion... par l'atlantique sud de Napoléon[85].

L'oubli et le désintérêt anglais furent tels qu'on envisagea de céder à une amicale pression néo-zélandaise qui proposait dès la fin de la Seconde Guerre mondiale de prendre en charge l'île et ses habitants à condition, évidemment, que la Grande-Bretagne en cédât la souveraineté. Les habitants étaient d'accord. Londres, en dernière analyse, refusa, plus par paresse de lancer un délicat processus diplomatique que par intérêt nationaliste pour l'île. Les années furent bien solitaires pour les Pitcairners.

De l'abandon de fait dont peuvent légitimement se plaindre les îliens, y compris les îliens suspectés de viol, découlait, pour les avocats, le hiatus juridique. On le sait, Pitcairn, pendant le temps de son isolement, a produit sa propre nomenclature juridique. Il existe une constitution, des peines sont prévues et ont déjà été appliquées.

Symbolique de la naissance effective d'un ensemble de règles et de l'embryon d'un corps socio-judiciaire, l'une des premières affaires éthiquement jugées dans l'île est rapportée par Mark Twain dans sa nouvelle, *La grande révolution de Pitcairn*[86]. Son personnage, Butterworth Stavely, tente de profiter des querelles internes pour prendre le pouvoir dans l'île. C'est du roman, mais l'auteur

---

85. L'histoire de Tristan dont les habitants, oubliés de l'Angleterre, ne furent redécouverts qu'à l'occasion d'une éruption volcanique, rappelle par certains aspects – l'abandon, la vie des communautés minuscules, le cynisme des puissances coloniales... – celle de Pitcairn. Elle est merveilleusement racontée par Hervé BAZIN dans *Les bienheureux de la désolation, op. cit.*
86. *The great revolution of Pitcairn*, 1879.

des *Aventures de Huckellberry Finn* s'appuie sur des anecdotes que les îliens eux-mêmes transmettent encore aujourd'hui, notamment celle qui met en scène Elizabeth Young, fille du pirate John Mills, et Jeudi-Octobre le second, fils de Jeudi-Octobre le premier et petit-fils de Fletcher Christian lui-même. Enjeu du litige porté à la connaissance du Conseil : le meurtre sanglant et prémédité d'un poulet d'Elizabeth Young par Jeudi-Octobre le second. L'assassinat s'est déroulé sur le terrain appartenant à Jeudi-Octobre le second, et pour compliquer le tout, l'assassin a mangé la victime. Elizabeth demande un dédommagement considéré comme exorbitant par la partie adverse, on se présente donc devant le Conseil. Jeudi-Octobre sera condamné au remboursement de la volaille et aux dépens de justice.

L'affaire prête à sourire. Mais elle dit clairement que des lois existent déjà à Pitcairn et que l'anarchie, du moins formellement, n'y règne pas. Après les guerres de l'installation, les usages et la coutume ont acquis force de loi. Après tout, l'Angleterre s'est aussi fondée sur la coutume et la jurisprudence...

Histoire d'affirmer très opportunément sa présence et sa puissance, l'Angleterre a lancé deux grands chantiers pendant le procès : bétonner la seule route de l'île, de Bounty Bay à Adamstown, et faire construire la prison à peu de frais... par les hommes qui allaient l'occuper.

La justice anglaise, rappellera le Conseil privé de la Reine, justifie son implication par l'absence de prise en compte, dans la loi pitcairner, du viol, autrement dit, résumera l'un des condamnés : « OK, vous avez bien un droit coutumier, mais comme vous n'avez rien prévu en cas de viol, la loi anglaise va s'appliquer ». Mais c'est faux. Concernant l'aspect particulier mis en cause ici, celui des relations sexuelles, consenties et non consenties entre individus, la loi de Pitcairn n'est pas muette. Elle prévoit qu'un homme peut être puni s'il a des relations sexuelles avec une femme de moins de... 14 ans. Peine encourue : privation de liberté pouvant aller jusqu'à trois mois et éventuellement assortie d'une amende. La même peine peut être prononcée en cas d'ivrognerie publique. Moralement, c'est indéfendable. Comment accepter qu'être trouvé deux fois ivre sur la voie publique soit plus grave que violer un enfant ? Mais la coutume existe et les juges doivent dire le droit, pas la morale. De plus, le code de Pitcairn – même si le cas ne s'est jamais officiellement présenté – prévoit déjà de laisser l'Angleterre intervenir si la femme a moins de 12 ans. En l'occurrence, aucun des viols cités en audience ne concerne une fille plus jeune. Même si l'on sait que des enfants âgés de 3, 5 et 7 ans ont été violés, les enquêteurs n'ont pu le prouver. Une autre mention spéciale prévoit un dédommagement financier si la plaignante peut faire la démonstration que la « connaissance charnelle illicite » a débouché sur une grossesse... Mais le cas s'est très rarement présenté. Les mères et les jeunes filles faisaient plus confiance aux faiseuses d'anges de l'île qu'au tribunal.

Au terme d'une plaidoirie souvent aussi révoltante que brillante, les avocats des « hommes » s'en prendront même directement à « l'empire » anglais[87], s'inspirant d'une note violente menaçant l'Angleterre d'une « guerre d'indépendance » publiée à Vanuatu, quelques semaines avant la tenue du procès, par un professeur de droit émérite de l'université de Port-Vila : « Une déclaration unilatérale d'indépendance peut être le seul moyen [...]. Pitcairn remplit certainement les critères du statut d'État en vertu du droit international. On ne sait pas comment réagirait le gouvernement

---

87. Citation par Anthony TRENWITH, professeur de droit à l'université de Port-Vila, dans une note d'études sur le cas Pitcairn : "The empire strikes back", Vanuatu.

britannique à une telle "mutinerie des temps modernes", serait-il prêt à laisser la liberté à leurs derniers coloniaux ou bien refuserait-il de reconnaître l'État voyou ? » À Sydney, la voix tonitruante d'Adrian Cook[88], un ancien juge australien, s'élève aussi en ce sens. Les avocats de la défense donnent corps à un argument étayé et cohérent. Au final, on a peu de doute sur la réponse : être ou ne pas être indépendant, à Pitcairn, n'a jamais vraiment été un débat que depuis le début de l'affaire et la possibilité que cette échappatoire « sauve les fesses » des hommes, comme le notera un observateur au procès. Mais de telles déclarations constituent en elles-mêmes un camouflet pour la justice et l'État britannique. Les avocats vont jusqu'à soulever le point de droit médiéval anglais qui veut que, les mutins n'étant pas mariés et leurs femmes n'étant pas anglaises, la transmission de citoyenneté soit passée par la mère, comme le veut la coutume. Les Pitcairners d'aujourd'hui sont donc... des Tahitiens, donc des Français. Des Français avec des passeports britanniques.

Les arguments en droit sont forts. « L'empire » est bien rappelé à la prudence...

La loi britannique ne s'appliquerait pas à Pitcairn ? Faisons donc en sorte qu'elle s'applique. Après avoir constaté que la petite nation possédait bien un droit coutumier et des pratiques de justice capables de répondre à ses problèmes intérieurs, l'Angleterre décide

---

88. Adrian Cook, lié à Pitcairn par sa femme, réside dans l'île de Norfolk. Il déclare notamment à la chaîne australienne ABC en 2003 : « Les Anglais n'ont établi par aucun moyen juridique approprié, ni de droit interne ni de droit international public, qu'ils avaient le droit de légiférer, de créer des tribunaux, d'engager des procès. »

de passer en force en créant le *Pitcairn Trials Act 2002*[89], c'est-à-dire une loi par laquelle la Grande-Bretagne fixe unilatéralement le cadre juridique de l'affaire à juger. Grâce à cet acte naturellement rétroactif, les ministères de la Justice néo-zélandais et anglais se répartissent les rôles : des juges néo-zélandais, désignés sur la base d'une loi expressément édictée à cet effet, disent le droit anglais sur un territoire dont la souveraineté n'appartient clairement ni à l'un ni à l'autre. En droit international, c'est un coup de force qui sera dénoncé par des avocats remarquant qu'on a « créé un cadre légal bien commode juste avant les procès », mais on craint aussi, à faire durer le bras de fer, que l'Angleterre envoie ses soldats ! Est-ce que les cinquante habitants de Pitcairn ont vraiment envie « d'être les Falklands du Pacifique » comme le remarquera ironiquement une habitante au procès ? C'est à ce stade que les avocats ont déposé un recours devant le Conseil privé[90] dont le caractère suspensif n'est pas reconnu, le procès pouvait donc se poursuivre. Valider le recours devant le *Privy Council,* c'était évidemment reconnaître qu'il existait un doute sur la souveraineté de la Grande-Bretagne... Mais c'était d'abord la garantie que le Conseil suivrait la volonté politique. Dont acte. Les accusés ont été condamnés en 2004, à

---

89. Le *Pitcairn Trials Act* est voté au Parlement néo-zélandais en mai 2002, à la demande expresse du gouvernement britannique. Il est le produit, note Anthony Trenwith, « d'un accord bilatéral entre la Nouvelle-Zélande et le Royaume-Uni immédiatement précédant la rédaction de la législation qui, lui-même, a pour clé la mise en œuvre des obligations de la Nouvelle-Zélande au titre de cet accord. L'adoption de cette loi ouvre la voie à une "cour suprême de Pitcairn" où siègeront exclusivement des juristes néo-zélandais [...] la loi prévoit également le transfert et la détention des accusés et des prisonniers en Nouvelle-Zélande. »

90. Le *Very honorable private council of her Majesty the queen,* souvent abrégé en *Privy council* est une institution britannique relevant du cabinet de la reine et généralement composé de membres de la Cour suprême spécialement chargée d'entendre les plaintes des pays du Commonwealth.

l'exception de Jay Warren, et le Conseil, deux ans plus tard, a rejeté leurs recours, rendant les peines immédiatement exécutoires.

À la surprise de nombreux observateurs, l'Angleterre a aussi semblé « céder » sans sourciller à la réclamation des Pitcairners pour que les audiences se tiennent à Pitcairn. C'est une victoire paradoxale pour les Pitcairners et leurs avocats, car le procès se déroulant dans l'île, il sera ainsi clair aux yeux du monde que la puissance qui dit la loi à Pitcairn, c'est la Grande-Bretagne, et aucune autre. Habile concession.

Il s'agit maintenant de désigner les textes sur lesquels baser l'accusation. Certes, le droit anglais possède tous les instruments pour condamner les violeurs, mais il faut se préparer à répondre à tous les arguments. Il s'agit d'en appeler à des textes capables d'écraser de tout le poids de leur morale et de leur légitimité le « petit » droit coutumier de Pitcairn. Ce seront donc la Loi des droits humains de 1998[91], le Pacte international relatif aux droits civils et politiques[92] et la Convention européenne de sauvegarde des droits de l'homme et des libertés fondamentales[93]. Comme il existe, en droit anglais, un petit doute sur l'application de ces textes aux territoires d'outre-mer, on promulgue, en catimini à Londres, un amendement décidant qu'il en sera ainsi. Non, mais !

Reste la question de conscience. La Grande-Bretagne savait-elle ce qui se passait dans l'île avant que les plaintes de 1996, 1999, et les enquêtes qui s'ensuivirent ne rendissent la publicité et le règlement de ce scandale incontournables ?

---

91. Le *Human rights act* de 1998 prend lui-même appui sur la Convention européenne des droits de l'homme, avec des modalités d'application spécifiquement anglaises, autorisant notamment la constitution du citoyen en appel à cette juridiction.
92. Convention de l'ONU du 16 décembre 1966.
93. Nom officiel de la Convention européenne des droits de l'homme dont tous les pays de l'Union européenne sont signataires.

La réponse ne souffre malheureusement aucune contradiction. Oui. La Grande-Bretagne ne pouvait ignorer ce qui se passait dans l'île. Des dizaines de preuves et de témoignages existent. Kathy Marks rappelle qu'en novembre 1970, le Conseil de l'île s'est réuni devant tous les parents de l'île parce qu'une plainte était parvenue à Pervis Young, «magistrat» de l'île pour «connaissance charnelle illicite»[94], le cynique euphémisme habituel pour désigner le viol d'une enfant de 10 ans. Les poursuites furent abandonnées pour manque de preuves, selon l'auteure de *Lost paradise*, mais un rapport fut produit, qui remonta au Bureau du gouverneur. Qu'est-il devenu? Encore en 2021, c'est le silence radio au bureau de la gouverneure. Impossible même de savoir s'il existe une trace de ce rapport... Mais dans l'île, tout le monde sait que des conflits ont existé par le passé. Personne ne pense même à le nier. La journaliste fait également référence à la visite, emblématique de l'aveuglement anglais, en 1973, du gouverneur David Aubrey Scott[95]. Il vient quatre jours dans l'île. Il avertit le *Foreign Office*[96] que sa femme et lui s'intéresseront de près aux «conditions sociales des jeunes filles de l'île.» Pourquoi précise-t-il qu'il s'intéressera en priorité aux jeunes filles? A-t-il des soupçons? Non. Pourtant les viols sont monnaie courante sur l'île à cette époque. Mais c'est son premier voyage, ce sera le seul, il s'intéresse bien plus aux Fiji plus attrayantes, aux Samoa plus attrayantes... Dans la plus pure tradition colonialiste, son épouse va s'intéresser aux enfants de l'île comme ailleurs dans l'espace ou le temps on «faisait ses œuvres». Madame a ses pauvres! Pourtant, il eût été plutôt facile

---

94. Le terme utilisé dans les minutes du Conseil est *illicit carnal knowledge*, traduit ici littéralement.
95. Haut-Commissaire anglais en Nouvelle-Zélande et gouverneur de Pitcairn de 1970 à 1973.
96. Le ministère des Affaires étrangères du gouvernement anglais.

de savoir. D'autres avant lui, rares mais sincères, ont quand même alerté Londres sur «l'anarchie» qui règne dans l'île. Dès 1904, un gouverneur note que «de loi, il n'y a presque aucune forme sur Pitcairn». Harry Maude lui-même rapporte que la justice rendue par le «magistrat» de l'île est de pure fantaisie... Jaqui Christian, répondant en 2006 à une question de l'enquêteur Robert Vinson dans le film *Trouble in Paradise*, aura un sourire triste et ironique pour lâcher, au bout d'un silence : «La police, c'est ma cousine, qu'est-ce que vous voulez qu'il se passe de sérieux?». Harry Dobes, un officier colonial en visite dira que «le Conseil est composé d'ignorants qui ne pensent qu'à leur intérêt personnel.»

Mais c'est le témoignage du couple Jane et Albert Moverley qui est le plus significatif de l'attitude anglaise. Quand Albert est nommé instituteur dans l'île, en 1950, il ne tarde pas à s'émouvoir de comportements prévaricateurs des hommes de l'île qui laissent libre cours à toute forme de violence et d'injustice : «Les îliens, note-t-il dans un journal, sont sans religion, sans règles de vie[97], sans principes et pratiquent tant d'injustices! On ne compte plus les viols, les adultères, les avortements.» Dans une lettre au Haut-Commissariat, Albert s'émeut particulièrement du cas de Alta Warren «tellement battue par son mari qu'elle a supplié le policier-magistrat de l'île de l'enfermer, elle, dans la prison!»[98] Persécutée par son mari Alwin, Alta tentera d'obtenir le divorce, une procédure qui passe à Pitcairn par le bureau du magistrat, qui est le meilleur ami d'Alwin. Alta tente de se cacher dans un bateau de passage, mais elle est dénoncée, rattrapée et violentée... Prisonnière dans

---

97. Il utilise la formule anglaise *"without standards"*.
98. Avant la construction de la prison en prévision des peines prononcées aux *Trials* de 2004, un petit local fermé pouvait remplir cet office, sur le même emplacement, en bas d'Adamstown. La gestion de la prison relevait du « magistrat » de l'île.

l'île, elle ne dut d'avoir la vie sauve qu'au couple d'instituteurs qui réussit finalement à faire venir quelqu'un d'Auckland pour la protéger durant son transfert en Nouvelle-Zélande. Kathy Marks rapporte qu'à son arrivée dans la grande ville de l'île nord, Alta fut examinée par un médecin qui déclara qu'elle n'aurait « pas survécu plus de quelques mois si elle était restée à Pitcairn ». L'Angleterre n'avait pas bougé le petit doigt. Pas plus de réactions quand le couple dénonce un viol par le « magistrat » de l'île lui-même sur une enfant âgée de 10 ans ou encore diverses violences commises sur des femmes de l'île, qui n'ont évidemment pas donné lieu à dépôt de plainte. Après leur départ, souhaité par tous, de Pitcairn en 1953, les Moverley ne lâchent pas l'affaire… et continuent d'écrire au *Foreign Office* à Londres et au Bureau du gouverneur, à l'époque à Suva Fiji, lesquels se désintéressent totalement du sort des femmes et des enfants de Pitcairn, menaçant au contraire les Moverley, comme en atteste une correspondance du bureau de Suva adressée à Londres au bureau des Affaires coloniales, se plaignant du *lobbying* constant des Moverley et assurant ledit bureau des Affaires coloniales que « tout est mis en œuvre pour faire taire les Moverley. »[99]

Des années 1930 aux années 2000, les témoignages et les avertissements sont bien réels. Certes, la plupart des *outsiders*[100] se contentent d'ignorer ce qu'ils voient ou d'y réagir mollement. Mais plusieurs irréductibles viendront compléter les plaintes des Moverley. C'est l'épouse du pasteur[101], dans les années 1960, qui

---

99. Propos rapportés par Kathy MARKS dans *Lost Paradise, op. cit.*
100. C'est ainsi qu'on désigne les résidents non pitcairners.
101. De son côté, l'Église des adventistes du septième jour a également nié par la voie de ses représentants en Californie et à Sydney avoir été jamais alertée de ce qui se passait sur l'île. C'est aussi mensonger que dans le cas de l'Angleterre. Plusieurs témoignages écrits de pasteurs existent, notamment ceux de Neville Tosen et Alfred Parker, rapportés par Kathy MARKS dans *Lost Paradise*. À Pitcairn, l'église a aussi couvert les crimes pédophiles commis par les « hommes ».

écrit à sa hiérarchie que « les jeunes filles de Pitcairn sont souvent entraînées dans la forêt et violées ». C'est une institutrice à la même époque qui surprend une petite fille de 6 ans mimant un acte sexuel… Et s'il subsistait le moindre doute quant à la responsabilité morale écrasante de l'Angleterre d'avoir ignoré la gravité criminelle de la situation, elle sera balayée par le Haut-Commissaire Salt lui-même qui avertit, à chaque départ en famille d'un instituteur, « qu'on surveille bien les enfants », qu'on ne les laisse pas aller vers les hommes qui ont « perdu tout sens moral », selon les termes mêmes du Haut-Commissaire, cité par l'épouse de l'instituteur Baronian en 1997, quelques mois avant le déclenchement de *Operation Unique*. Un autre instituteur, Tony Washington[102], confiera à Kathy Marks « vouloir mettre tous ses mauvais souvenirs de Pitcairn derrière, on ne m'a jamais rien dit, mais on s'aperçoit de tout, juste à écouter les enfants ». « Je ne retournerai jamais là-bas », dit son épouse Christine.

« Au fond, me dira une femme de Pitcairn victime des "hommes" qui a témoigné anonymement, l'Angleterre s'est jouée de nous tous. Elle savait ce qui se passait et sa seule préoccupation a été qu'on ne sache pas qu'elle savait. »

L'Angleterre a « hypocrité » Pitcairn !

---

102. Tony Washington et son épouse Christine, en poste à Pitcairn de 1991 à 1993.

VIII.
Un autre monde
était possible à Pitcairn

24 octobre 2004, Adamstown, Pitcairn Island

«Sincèrement, ce serait frauduleux d'aller jusque-là, non?» C'est Allan Roberts qui s'exprime. Il répond au juge Charles Blackie, dans la petite salle d'audience improvisée sur la place d'Adamstown pour le temps des *trials*. La question était : «Pourriez-vous affirmer que votre client regrette ses agissements?» Allan Roberts est l'avocat de Len Brown, 78 ans, le plus vieil accusé dans la plus célèbre affaire de pédocriminalité du monde anglo-saxon. Len est mis en cause pour deux viols commis sur une enfant âgée de 12 ans, mais il ne comprend pas pourquoi il est là. Len pense sincèrement qu'il est victime de manipulatrices diaboliques qui ont saisi l'occasion pour lui soutirer de l'argent ou se venger de lui pour un motif qui lui échappe. Un peu avant, c'était le tour de Dennis Christian de faire face à ses fautes. On se souvient que l'homme a été le premier à s'excuser, le seul à le faire avec des accents de sincérité. En quittant la salle, après s'être dandiné, tout à la fois empêtré, fourbe et arrogant, pendant une heure à la barre face au juge imperturbable, il semble soulagé. Avec précaution, la mère de la victime s'approche de lui et lui tend la main : « Merci de t'être excusé », dit-elle. Dennis la toise et répond : « Je ne l'ai fait que parce que je devais contrer ce qu'a dit ta pute de fille ! »[103] Steve Christian, le plus puissant de tous, pense, lui aussi sincèrement, être « victime d'une profonde injustice », rapportera son avocat. Il lui arrivera bien par la suite de faire référence à ses « erreurs du passé », mais de manière formelle, sans nommer ni reconnaître les viols, appuyant volontairement et ironiquement sur le mot « erreur » afin de laisser entendre que c'est plutôt la condamnation qui a été une erreur... Tout le monde sait que le seul objectif de cette repentance était de mettre fin à l'interdiction de voyager hors de Pitcairn dont étaient assorties les peines prononcées. C'est d'ailleurs chose faite aujourd'hui. Juste après le prononcé du jugement de la cour de Pitcairn, il aura quand même fallu toute la persuasion de Brenda, du Haut-Commissariat et des juges pour l'obliger à démissionner de son poste de maire. Comme lui, tous les autres accusés, même après avoir exécuté leurs peines, continueront de clamer qu'ils ont été victimes d'une injustice, d'un abus d'autorité, d'un complot ou d'un coup de force de la Grande-Bretagne.

À Pitcairn, le glaive de la justice a bien tranché, mais qui a envie de recoudre les plaies ? La légèreté des peines est largement et évidemment vécue comme un affront du côté des victimes. Personne n'a compris et personne n'est guéri. « Tout ça pour ça », dit Pawl aujourd'hui. Pire, l'« opinion publique » sur l'île, même s'il s'agit d'une opinion publique de moins de cinquante âmes, continue d'être divisée entre ceux qui pensent que la justice devait

---

103. Propos surpris par une journaliste, collègue de Kathy MARKS et rapportés par Kathy MARKS dans *Lost Paradise, op. cit.*

passer – Pawl, Sue, Brenda, Mike et quelques autres – et ceux – les plus nombreux, de loin – qui disent que les coupables étaient innocents et les victimes coupables. Et gare à ceux qui défendent les femmes agressées ou qu'on soupçonne de vouloir le faire : les journalistes sont quasi systématiquement refusés dans l'île. Kathy Marks rapportera plusieurs menaces de mort après la publication de son livre. Quand j'étais sur l'île en 2012, il était impossible de prononcer son nom ! Pas plus que celui de Dea Birkett... On ne pouvait d'ailleurs évoquer les *trials* qu'à voix basse et en petit comité. Rien n'a changé aujourd'hui.

Seule la Grande-Bretagne a gagné, qui a réassuré sa main sur Pitcairn, retrouvé du prestige en Océanie et affirmé définitivement sa puissance coloniale. La Couronne d'Angleterre a su saisir l'occasion des procès, retournant très habilement le piège qui se tendait à mesure qu'émergeaient l'incurie séculaire de sa gestion et l'abandon de ses sujets. La baronne Scotland, l'opinion publique anglo-saxonne, les médias londoniens et l'administration Blair ont puni l'île comme on reprend, par la contrainte autoritaire et économique, le pouvoir sur un enfant frondeur, sans jamais se poser la question de l'avenir ou des réparations. Bien au contraire, les manquements actuels de la Grande-Bretagne, notamment son absence flagrante de bonne volonté pour tenter de résoudre la crise démographique qui va tuer l'île, la mise en place d'une économie presque exclusivement tournée vers un tourisme de milliardaires ou même la création de la réserve marine laissent envisager un calcul plus cynique encore : celui de l'attente pure et simple de la disparition de Pitcairn. « On finira bien par tous mourir, dans quarante ou cinquante ans, ils feront ce qu'ils veulent de l'île », dit aujourd'hui mon amie Sue. L'Angleterre a pensé stratégie, diplomatie, un peu justice... Elle n'a jamais pensé aux

Pitcairners qui allaient devoir vivre, après les *trials*, avec la somme des souffrances individuelles et l'exposition de la culpabilité collective, avec le déshonneur de l'île pour la faute des hommes et le silence des familles, avec la honte pour tous et, finalement, l'espoir pour personne.

Toutes les victimes pitcairners de violences et de viols ont quitté l'île. Plutôt, toutes celles qui ont porté plainte et qui sont allées au bout du processus administratif de justice. Darralyn et sa sœur Charlene, l'actuelle maire de l'île, sont des victimes, mais elles ont choisi de céder aux pressions de leur entourage en revenant sur leur témoignage. Une seule plaignante a toujours dit : « Je reviendrai quand la justice sera passée ». C'est Jaqui Christian, l'une des victimes de Steve.

Jaqui est l'une des plus douloureuses victimes des « hommes ». L'entièreté de son témoignage n'a pu être utilisée, mais il est glaçant : elle a été violée par cinq hommes. Les agressions ont commencé quand elle avait 3 ans. Elle en a nourri une culpabilité indélébile. Et une perte de confiance très handicapante. Elle a aussi été l'une des femmes les plus violemment exposées durant les *trials*. Non seulement elle a accepté de témoigner sous son nom, mais elle s'est aussi montrée à visage découvert dans le film de Nick Godwin, *Trouble in Paradise* dans lequel elle désigne nommément ses agresseurs, et en particulier le plus puissant d'entre eux, Steve, qui appartient à la famille la plus riche et la plus nombreuse. Christian est aussi le nom de famille de Jaqui. Ils sont cousins, mais ils ne sont pas proches. L'objectif de Jaqui, en apparaissant ainsi à découvert, est de combattre la culpabilité qui habite les victimes de viol, « que la honte change de camp ! » C'est la condition *sine qua non* de sa reconstruction comme femme et comme citoyenne. La réparation est un chemin difficile et il passe, selon elle, par deux étapes successives : rentrer et avoir un enfant. Aujourd'hui, elle a réalisé la première étape : «Je veux rentrer, mais je ne sais pas ce qui va se passer quand je serai dans l'île, j'ai peur», avoue-t-elle en 2006, dans le film de Nick Godwin. Pourtant, Jaqui ne veut rien céder à ses adversaires. Pitcairn, c'est chez elle, sa maison, son île. Personne ne peut ni ne doit les lui interdire. En octobre 2004, le procureur Simon Moore déclare au tribunal que «l'une des victimes veut rentrer à Pitcairn» et, par conséquent, «le procès doit faire en sorte de garantir sa sécurité et elle doit être convaincue que l'île est un endroit possible pour elle et sa famille». Déclaration d'intention, lettre morte. Le chemin sera bien difficile...

Elle rentre en septembre 2012 : «Je veux croire que mon avenir est là». Mais Jaqui insiste sur la nécessité pour l'île entière de tourner la page et d'assurer que l'île est un endroit sûr pour les enfants alors même que toute visite à Pitcairn, touristique ou, *a fortiori*, en vue d'immigration, doit faire l'objet d'un contrôle ou d'une surveillance spéciale si elle implique des mineurs. En d'autres termes, l'île est interdite aux enfants, sauf dérogation. C'est encore le cas aujourd'hui, même si les conditions se sont allégées compte tenu de l'absence de crimes ou délits depuis la saisie des photos sur l'ordinateur de Shaw Christian en 2010. «Évidemment, confirme Jaqui, comment peut-on penser avoir un avenir si l'île n'est pas un endroit sûr pour les victimes ? Ou si elle présente le moindre risque pour les enfants ? »

Le retour de Jaqui est un chemin de croix. On lui bat froid partout où elle passe. Elle ne parle pratiquement qu'avec Brenda et Mike. Et bien sûr, on l'accueille à bras ouverts en Suisse! En Suisse ? «C'est comme ça qu'on appelle la maison de mon amie Sue et de pirate Pawl». Sue et Pawl sont le point fixe et le trait d'union entre tous. Indemnes de tout soupçon, ils sont un exemple de droiture

VIII. Un autre monde était possible à Pitcairn

et de bienveillance. «C'est pour ça qu'on appelle notre home *the Switzerland*, parce qu'on essayait de faire le trait d'union, pour favoriser la réconciliation». On essayait? «Oui, me dit mon amie, mais c'est tellement difficile. Aujourd'hui, on ne parle plus qu'à quelques personnes nous aussi, il y a ici des gens qui ne changeront jamais, des îliens de souche pure et dure qui bloquent toute tentative de changement». Sue ne le dit pas, mais c'est, entre autres, la famille d'Olive et Steve Christian qu'elle désigne.

Et puis, il y a la question des complicités. Les «hommes» sont coupables. L'Angleterre est coupable de n'avoir pas voulu voir que les hommes étaient coupables. Mais les femmes? Les mères? Les sœurs? Quelle est leur part? Sont-elles juste des victimes elles aussi? Et celles qui ont nié l'évidence des crimes? Leur soutien aux hommes ne relève pas du déni psychologique ou de l'aveuglement. Elles savaient depuis toujours, parce que la promiscuité étant la première caractéristique de Pitcairn, elles ne pouvaient ignorer ce qui se passait. Elles savaient et elles ont laissé faire. Parce que ce sont les hommes qui commandent à Pitcairn et qu'elles ont dû se soumettre? Par crainte d'un conflit ouvert? Pour épargner pire à leurs enfants? Certes. Peut-être même, avancent certains analystes, avaient-elles intégré «en héritage» la faute originelle de leurs ancêtres, la mutinerie, la trahison, le bannissement... au point de considérer la souffrance de leurs enfants comme un prix à payer, un fardeau de pénitent, une punition divine! Mais non, en dernière analyse, elles ont accepté parce que c'était la condition pour vivre à Pitcairn. Parce que mettre fin aux exactions, c'était mettre fin à l'île elle-même si aucune solution de secours n'était accessible. Et aucune solution n'a jamais été proposée. Plusieurs d'entre elles ont vécu des situations schizophréniques. Darralyn et Charlene, bien sûr. Jaqui qui dit que Pitcairn était à la fois «un endroit tranquille et un lieu où tu dois toujours regarder derrière toi». La mère de Belinda, qui accepta que sa fille porte plainte, mais témoigna au procès d'appel pour «dédramatiser» les actes de son violeur. Kari aussi, l'épouse de Brian Young, tiraillée entre son soutien à son mari accusé publiquement de viol devant les autres Islanders[104] par la mère d'une enfant, et la protection de sa propre fille, qu'elle enverra à Auckland dès que possible pour la mettre à l'abri des hommes.

L'isolement et la rudesse de la vie ont imposé à Pitcairn un «vivre ensemble» très particulier. Certes, comme le disent Pawl et Sue, l'île pouvait survivre à la condamnation juste des hommes, mais certaines tâches à certains moments de vérité, une tempête, un accostage, un accident... réclament une mobilisation générale et un travail en commun. C'est une question de survie individuelle et collective. Et on le sait. Or cette nécessaire «entraide» s'est réduite à la portion congrue tout au long des dernières décennies, à mesure que Pitcairn ouvrait les yeux sur le monde. D'abord avec les bateaux, puis avec la radio, puis Internet. C'est ce qu'exprime déjà, dans les années 1970, l'économiste Robert Wade, qui passa plusieurs mois dans l'île : «L'esprit de corps de Pitcairn, c'est *bullshit*, une chimère, ils font le minimum pour la gestion du *longboat*, pour le commerce, mais c'est tout. L'idée d'une communauté tirant dans le même sens est une connerie». Chaque année, le prix à payer pour vivre à Pitcairn est devenu trop cher. Plus le temps passait, moins ça en «valait la peine». Chaque violence supplémentaire imposée aux enfants a constitué un coup de hache dans le contrat qui lie les Pitcairners entre eux et à l'île. L'entraide était la condition de

---

104. La maman d'une enfant violée est intervenue en plein Conseil de l'île en 1996. Très en colère, elle brandissait sous les yeux des hommes, et surtout de Brian Young lui-même, les sous-vêtements de sa fille que Brian venait de violer. Kari a «couvert» Brian, mais elle a ensuite déclaré que les procès étaient une bonne chose, sans pour autant témoigner.

VIII. Un autre monde était possible à Pitcairn

la survie de l'espèce. Tout le monde le savait et personne ne désirait la mort de l'espèce. Aujourd'hui, c'est différent. Personne ne veut sauver les Pitcairners, parce qu'ils sont maudits, et qu'ils se complaisent dans leur malédiction. Peuple dantesque au bord du suicide, sans doute les Pitcairners ne le veulent-ils pas eux non plus. Leur refus de l'avenir est un suicide. Ils le savent.

Au nom de la survie dans l'île, on a sacrifié les enfants. Aujourd'hui que le monde entier est au courant, qui peut vivre avec ça ?

Le fil d'humanité, fin et fort à la fois, reliait les familles, et les emprisonnait aussi. Un dicton de l'île prétend que «l'homme qui vient de te menacer sautera à l'eau pour te sauver». Il est juste en ce qu'il signifie que chacun a conscience de l'importance de l'autre comme pièce d'une construction de survie. Protéger ce fil de survie, c'est ce qui explique le silence des femmes : vivre ici était plus important que tout, ça passait par les sacrifices, même le sacrifice du viol de leurs enfants.

Est-ce que le marché était soutenable ? Non bien sûr, d'aucun point de vue, ni moral ni légal, ni humain ni animal. Mais à Pitcairn, on ne se pose pas la question en ces termes. Parce qu'on n'a jamais rien connu d'autre à Pitcairn. Parce que pour finir, l'Angleterre, son juge aujourd'hui, ne lui a rien proposé d'autre.

Les femmes ont saisi avant les hommes la hauteur de l'affaire. Ce sont elles, par leur soutien et leur implication, qui ont garanti la défense des violeurs et ont porté cette affaire jusqu'aux plus vertigineux sommets de l'appareil de justice anglais ! Dès le début des années 2000, les femmes de Pitcairn comprennent immédiatement qu'elles ont tout à perdre – leur histoire, leur réputation, leur légende, mais surtout, leur équilibre familial, leur amour – à accuser leurs hommes, alors qu'elles ont tout à gagner à les défendre. Le biais de conservation est bien plus fort que l'aventure de la justice! Elles ne choisiront pas de rompre l'équilibre au prix de leur propre mise en danger. Cet équilibre est rompu aujourd'hui. Tout le monde a compris que le prix de Pitcairn était trop élevé. Alors l'île des pirates se saborde.

Pourtant, un autre chemin était possible. Il passait, ironiquement, par un retour aux sources de la culture polynésienne que les Pitcairners ont revendiquée sans jamais l'avoir habitée. Alors que la justice pénale classique considère d'emblée que tout crime est commis contre l'État producteur et garant de la loi, et punit donc en ce sens, la justice restaurative considère, elle, d'abord la victime qu'elle ne réduit plus au rôle de «témoin» du crime commis contre elle, et le coupable qui n'est plus délinquant face à l'État, mais face à sa victime. C'est plus qu'un changement de perspective, c'est un renversement cognitif qui a fait ses preuves. La justice restaurative est une très ancienne tradition des tribus maories de Nouvelle-Zélande et des Marquises. C'est une conception holiste de la justice qui redéfinit le sens et la finalité de la peine. Soigner et reconstruire plutôt que surveiller et punir. Il s'agit de penser la peine et la réconciliation, de prendre en charge la reconnaissance des coupables et la reconstruction des victimes. Ce processus est à l'œuvre avec de vrais succès en matière pénale au Canada, en Afrique du Sud ou en Suisse. Les recherches récentes en sciences sociales montrent qu'il est bien plus efficace pour la reconstruction des victimes que le poids des peines infligées aux coupables. De fait, à Pitcairn, les peines n'ont aucun sens, trop faibles pour les uns, trop lourdes pour les autres. Elles ne satisfont personne. Seule une catharsis gagnée en commun avait une chance de modéliser, sur une plus grande échelle, l'échange de Steve et Jaqui qui se sont parlé.

Au-delà des jungles mauves des Marquises ou de Paparuka, la justice restaurative est aussi un mode de régulation des conflits chez les peuples amérindiens ou dans les tribus d'Afrique centrale. De fait, partout où la condamnation d'une partie de la population met en péril la survie de l'espèce, ce qui était le cas de Pitcairn. L'idée simple qui régit le processus de réparation est de « soigner les maux par les mots » et d'aboutir à une pleine conscience du crime commis chez l'agresseur et à un début de reconstruction sur la base de sa reconnaissance comme victime chez l'agressé. C'est particulièrement vrai pour ce qui concerne les violences faites aux femmes. Les succès de cette pratique, autrefois confirmés empiriquement chez les Maoris, scientifiquement aujourd'hui sont basés sur l'enjeu psychologique de vérité très fort quand le dialogue est établi sans intermédiaire entre la victime et le coupable. L'effacement du tiers que constitue le juge ou la police permet une confrontation charnelle, psychologique, totale du coupable et de la victime. Au Rwanda, des dialogues d'une puissance humaine incroyable se sont ainsi établis entre massacreurs et massacrés. Des promesses ont été engagées et tenues, des liens se sont créés.

Leon Salt[105] soutient depuis le début de la crise que les procès publics ne sont pas la bonne solution. Leon Salt est un personnage étrange. Il aime les îliens et est sincèrement désolé de l'épreuve que l'île doit traverser. Il aimerait, au fond, que rien ne se fût passé, mais, mis devant les faits accomplis, il a aussi conscience de la gravité des crimes commis. Était-il au courant de ces pratiques ? Salt maintiendra que non, il ignorait tout. C'est plus que difficile à croire, tant sa proximité avec les Pitcairners et sa connaissance de

---

105. Leon Salt, Haut-Commissaire à l'île de Pitcairn de 1996 à 2004.

l'île sont importantes. Pour autant, quand les *trials* commencent, Salt découvre véritablement l'ampleur des crimes et se range naturellement du côté de l'enquête et de la justice, mais il le fait avec pragmatisme. Les faits sont graves, mais que veut-on ? Punir à hauteur des crimes commis ? C'est condamner l'île à la mort, à son avis. Pas à la mort par crise cardiaque ou par collapsus pour cause d'exécution des peines – Pawl, Mike, et d'autres encore, savent que « l'île peut fonctionner quand les coupables seront sous les verrous, on aura juste un peu plus de travail. » Non, la mort que craint Salt, c'est la mort lente, le cancer qui va ronger Pitcairn parce que le bras de la justice se sera abattu sans nuance, avec une verticalité et une brutalité qui envelopperont l'île d'opprobre aux yeux du monde sans se préoccuper de colmater les brèches béantes ouvertes dans la communauté.

Dès les premières dépositions en Nouvelle-Zélande, il avertit les policiers Peter George et Robert Vinson que la moitié au moins de ces femmes se rétracteront. De fait, les deux détectives auront un mal de chien, on l'a vu, à maintenir les dépositions en justice de leurs témoins.

Leon Salt milite pour une amnistie générale, mais sous conditions. Salt fait le pari de la réconciliation pour une île qu'il connaît et un peuple qu'il a pratiqué beaucoup plus que n'importe quel autre politique ou juge impliqué dans l'affaire. Un avenir ne sera envisageable que le jour où les victimes auront obtenu réparation, non de la part de la justice de la Grande-Bretagne, qui leur semble lointaine à elles aussi, mais bien de la part de leurs bourreaux. Pas question, pour autant, d'organiser un bel après-midi de printemps sur la dalle d'Adamstown une mascarade de dialogue comme le suggère Meralda. Non, Leon Salt pense à une amnistie publique, promulguée par la Grande-Bretagne, en échange d'engagements des Pitcairners et de concessions. Il a étudié pour cela ce qui s'est fait ailleurs, en d'autres temps avec d'autres peuples. Ses modèles sont surtout le Rwanda ou l'Afrique du Sud. Sa dérive après l'affaire du *Braveheart*[106], sa mise à l'écart administrative, puis le soutien aux « hommes » et sa propre mise en cause judiciaire à Auckland par la suite[107], sont autant de faits patents qui décrédibilisent sa parole. Pourtant, son objectif, au moins au début de l'affaire, est la survie de l'île et la punition des coupables. C'est dans ce « et » que vont se nicher toutes les interprétations et les disputes qui vont suivre.

Cette solution de la réconciliation, évoquée dans l'île dès les années 2000, a aussi le soutien des îliens. Mais tout le monde ne met pas le même contenu dans ce processus.

Pour Meralda, notamment, c'est la bonne solution ou plutôt, comme elle dit, un *good deal*[108] : « Voilà c'est ça, on se met autour d'une table, les hommes et les filles, on se dit ce qu'on a à se dire et on passe à autre chose... *No big deal.* » Voilà, Meralda Warren a la solution pour résoudre la crise qui met en péril l'existence même de Pitcairn. *Good deal for No big deal*[109].

La réconciliation n'est pas un simple « pardon et passons à autre chose », comme le souhaite Meralda, c'est un enjeu dont les règles sont définies par l'ONU[110], qui présuppose la vérification des conditions de vérité et de confiance, et qui débouche sur un équilibre de

---

106. Voir chapitre VI.

107. Leon Salt, mis en cause pour corruption après avoir comploté avec Steve au moment de l'affaire des photos ridicules de l'équipe du procureur sur le bateau qui les ramenait à Auckland. Voir chapitre VI.

108. « Bonne affaire, marché fructueux. »

109. « Une bonne façon de régler un problème qui, de toute manière, n'en est pas vraiment un. »

110. Déclaration du Secrétaire général de l'ONU, Antonio Gutterez le 19 novembre 2019, lors du débat public du Conseil de sécurité sur le rôle des processus de réconciliation dans le maintien de la paix et de la sécurité internationale.

peine et de réparation. La réconciliation n'est pas un procès, mais elle n'en est pas pour autant le succédané. Elle constitue, à tous les effets, un « processus de justice ».

L'une des conséquences du processus mené au Rwanda et en Afrique du Sud a notamment été la confrontation directe des coupables à leurs propres actes, à travers la voix et la présence de leurs victimes ou de leurs descendants. C'est une chose d'affirmer dans le bureau d'un juge qu'on ne recommencera plus, c'en est une tout autre d'entendre l'énumération de ses crimes par la victime ou de supporter son regard.

C'est la baronne Scotland, à Londres, qui intervient pour qu'aucune autre solution qu'un procès public ne soit adoptée. Elle en fait une affaire personnelle. Des témoins rapportent qu'elle enrage des actes commis et, sans doute, de la légèreté de l'Angleterre qui a fermé les yeux sur une partie de son histoire et de sa géographie alors que se perpétrait l'innommable. Leon Salt tentera tout de même de faire valoir les arguments en faveur d'une amnistie sous conditions. *No way.* Pas question de transiger, toute « négociation » concernant les actes commis sera considérée comme une faiblesse. Le bras armé de l'Angleterre va s'abattre sur les coupables qui ont déshonoré la légende de leur naissance et sali le drapeau anglais. L'objectif de la baronne Scotland est de punir et de rétablir le prestige de la Couronne. Comme si le crime de lèse-majesté était plus grave que les viols commis, glissera l'un des juges à un journaliste sous le sceau du *off*. Il est vrai que les accusés savent se rendre odieux. À son sujet, Steve Christian parle de « féministe qui déteste les hommes, considère qu'on a violé dès qu'on pose le doigt sur une fille ! »[111] Impossible de savoir si la baronne Scotland

______

111. Dans le film *Trouble in Paradise, op. cit.*

VIII. Un autre monde était possible à Pitcairn

déteste les hommes, il semble en tout cas qu'elle n'ait pas une grande empathie pour les victimes puisqu'elle n'en recevra aucune, n'enverra aucun message de soutien et n'apportera son concours à aucune initiative de réparation ou de reconstruction des femmes blessées. Sans doute est-elle simplement chargée d'appliquer les consignes qui arrivent directement du Premier ministre Tony Blair et qui suivent la ligne définie : il y aura un procès et il sera, pour la Grande-Bretagne, l'occasion d'affirmer son autorité policière et diplomatique sur l'île. Les enfants violés de Pitcairn sont devenus un enjeu stratégique.

Ce système de pardon, qui présentait aussi une analogie mythologique avec la rédemption clôturant la trilogie de Nordhoff et Hall, n'a donc pas été retenu par la Grande-Bretagne, au nom d'une prétendue mansuétude dont il aurait été porteur. C'était méconnaître ou simplifier les expériences faites dans les tribus maories ou même en Suisse, où la justice restaurative s'accompagne toujours d'un volet purement punitif. C'était surtout la démonstration d'une belle hypocrisie puisque, de fait, les peines prononcées ont été d'une grande légèreté. La Grande-Bretagne a refusé cette option pour des raisons diplomatiques, de prestige et de politique interne, mais sans se préoccuper jamais des gens de Pitcairn ni de leur avenir. Le véritable objectif des *trials* était bien d'envoyer un message aux Pitcairners, et surtout au monde entier : "*We are back*"[112], les patrons sont là et les choses vont changer...

En juin 2005, plus d'un an après la fin des procès, et alors même que personne n'a encore passé une nuit en prison puisque l'affaire doit encore attendre le jugement d'appel du *Privy Council* de Londres, un incident a eu lieu dans l'île, qui confirme la

---

112. « On est de retour. »

mainmise de la Grande-Bretagne sur Pitcairn. Lors d'une soirée très arrosée, Meralda Warren, ivre, s'en prend physiquement à plusieurs personnes, dont Brenda Christian qu'elle accuse d'avoir laissé condamner «les hommes» et même de les avoir trahis. Les insultes fusent et les coups de poing volent. Brenda est petite et fluette. Meralda est une géante. Brenda portera plainte et un procès aura lieu. La Couronne britannique n'a pas hésité à dépenser plus de 40 000 NZ $ pour organiser le jugement, qui aboutit à la condamnation de Meralda à... 60 NZ $ d'amende! «À la fin, c'est une question de principe, la loi doit prévaloir. Oui, c'est cher, mais ça en vaut la peine», déclare au *New Zealand Herald*[113] Mathew Forbes, le *Deputy Governor* de l'époque. La Grande-Bretagne, qui a toujours drastiquement limité ses budgets consacrés à l'île, ne regarde plus à la dépense désormais. En avril 2006, une estimation du Haut-Commissariat fixe le coût global des procès, pour les seules dépenses techniques et physiques (déplacements, salaires, coûts de construction, logements, etc.) à plus de 14 millions de dollars néo-zélandais[114]. La couronne ne badine plus avec l'argent. Il est vrai que la presse du monde entier a désormais un œil sur Pitcairn...

Quelques années plus tard, quand le nouveau maire sera condamné pour «détention de matériel pornographique mettant en jeu des enfants», la Grande-Bretagne suivra la ligne de l'intransigeance, mais le ton aura changé. Moins de publicité. Il s'agit, maintenant que l'autorité a été rétablie, de ne pas risquer un nouveau scandale. L'affaire sera rapportée par les journaux, mais le ministère public communiquera peu. Aucun procès sur l'île ne sera organisé...

---

113. Phil Taylo, "Pitcairn Island justice costly but worth the price", *New Zealand Herald*, 2 sept. 2005.
114. 8 millions d'euros.

VIII. Un autre monde était possible à Pitcairn

L'île retrouve un quotidien, mais un quotidien de non-dit et de rancœur, de frustration et de haine. On tait tout. En juin 2018, la gouverneure Laura Clarke est venue à Pitcairn. Par attribution, son rôle de gouverneure ne couvre que l'île de Pitcairn, mais la fonction est associée à celle de Haut-Commissaire représentant la Grande-Bretagne en Nouvelle-Zélande, aux Samoa et à Pitcairn. La gouverneure réside à Wellington, le député-gouverneur, lui, réside à Auckland. Autant dire que les gouverneurs de Pitcairn se sont peu souvent préoccupés du sort de l'île. Leon Salt a été une exception. Certes, depuis les *trials*, la consigne a été donnée d'accroître la présence physique des représentants de Sa Majesté. Les substituts de la gouverneure, au premier rang desquels Robin Shackle, ont donc également fait acte de présence dans l'île. Pour autant, les déplacements d'un membre du Haut-Commissariat à Pitcairn sont très rares. La gouverneure Clarke n'est venue qu'une fois en 2018 pour «parler de l'avenir de Pitcairn» avec les îliens... Un échange qui a laissé peu de traces dans les mémoires et aucune dans les actes. Le sujet des *trials* n'a même pas été abordé.

Petite plaie ouverte dans la plaie béante, plusieurs habitants de Pitcairn ont vécu l'épisode entier des *trials* comme une blessure citoyenne languissante. Au procès en appel de Papakura, en Nouvelle-Zélande, Tom et Betty Christian, les parents de Jaqui, feront le voyage pour revendiquer leur citoyenneté britannique. Ils se mettent à dos pour toujours les familles des accusés. Mais Tom et Betty soutiennent leur fille aînée. De même, Mike Lupton, le mari de Brenda, s'est senti blessé qu'on élabore ces stratégies pour sortir Pitcairn du Commonwealth et du Royaume-Uni : «On ne peut pas, juste pour faire les affaires de quelques-uns, renoncer à la sécurité du soutien de l'Angleterre». Ces blessures-là s'ajoutent aux autres. Aujourd'hui, écrit mon amie Sue, il y a deux clans sur l'île, « et nous on ne fréquente plus que ceux qui sont propres et éduqués, on n'a absolument rien à faire avec les autres »... qui sont encore tous là.

À partir de la fin des *trials* et avant même le résultat de l'appel – joué d'avance –, la Grande-Bretagne organise aussi la dépendance économique de Pitcairn. On aura leur peau à grands coups de corned-beef, de Netflix et de Coca-Cola.

Le rapport Solomon est très clair : « L'île est complètement dépendante des budgets anglais depuis 2004 ».

En mai 2018, la nouvelle gouverneure et Haut-Commissaire de l'île de Pitcairn y fait son premier déplacement. Elle est accueillie à grand renfort de chansons et d'embrassades, ce qui est notoirement mauvais signe à Pitcairn, juges et policiers ont parfois payé pour le savoir.

IX.
L'Empire contre-attaque

23 juin 2012, Adamstown, Pitcairn Island

«Qu'est-ce qui nous empêcherait d'avoir juste une petite ligne qui nous relie au reste du monde?» Pawl dialogue avec la députée-gouverneure de l'époque, qui l'écoute très distraitement. Le sujet, c'est l'aéroport de Pitcairn, devenu une antienne qu'on ressort à intervalles réguliers. Aujourd'hui, ça n'a plus guère d'importance, mais en 2012, Pawl y est très favorable : une liaison du type de celle qui relie Mangareva à la capitale de la Polynésie française, Papeete ; un vol par semaine entre Pitcairn et Gambier airport, avec des tarifs différenciés entre les locaux, les affinitaires[115] et les touristes, comme cela se pratique ailleurs, en Corse ou à la Réunion. Tout le monde à Pitcairn sait que c'est l'argent qui est le frein, «l'Angleterre ne paiera jamais». «Trop cher», avait répondu le Bureau du gouverneur en 2012. «Trop cher», répond le Bureau de la gouverneure en 2021. «Cela ne se fera jamais, cela a été étudié et refusé», ajoute Robin.

---

115. Les affinitaires sont les parents des résidents.

Pourtant, les différents experts de passage ont tous dit que c'était techniquement réalisable et que, s'il n'existe aucun chiffrage exact, la comparaison avec d'autres îles situe l'investissement éventuel pour la création d'une piste à Aute Valley dans une fourchette qui va de 5 à 10 millions de dollars, raisonnablement autour de 7, soit le prix d'achat du gardien de but de l'équipe des *Bolton Wanderers* en troisième division anglaise de football.

En 2004, devant la publicité universitaire, judiciaire et politique faite à «l'argument de l'abandon» brandi durant les *trials*, la Grande-Bretagne a même commandé une étude plus précise[116]. Il s'agissait de combiner les obligations internationales et les critères de faisabilité technique avec ceux de la rentabilité économique. Côté diplomatique, ça peut se régler en deux coups de fil, il suffit de trouver un accord avec le gouvernement français et les opérateurs polynésiens pour dégager un créneau d'atterrissage-décollage à Mangareva. Vu l'encombrement du lieu – un vol par semaine entre Papeete et Mangareva –, ça n'est pas hors de portée... Il semble donc que les critères financiers aient largement prévalu dans le refus final, car d'un point de vue technique, le coup est tout aussi jouable. La piste en terre est réalisable sur 500 mètres de plat à Aute Valley, avec quelques engins de terrassement d'encombrement faible que peut amener le *Claymore*. Si on s'y met en mai, le premier avion décolle avant la fin de l'année calendaire! L'avion justement : il existe des aéroplanes adaptés aux conditions difficiles. L'appareil doit notamment être capable d'emporter suffisamment de carburant. Tout va bien. De plus, le rapport conclut que la rentabilité, afin de compenser la présence d'un employé sur place et l'entretien du petit terrain, est possible

---

116. Pitcairn Island airport, *Feasability Study Airplan*, april 2004.

au-delà de mille cinq cents heures de vol par an – ce qui serait un objectif largement atteignable pour ce type de liaison – et avec un taux de remplissage minimum de 30 % de l'espace cargo et passagers, un taux qui semble également accessible. Pour autant, l'étude conclut, sans se justifier plus avant, que ce taux de remplissage lui semble difficile à atteindre... Incompréhensible pour les îliens qui prétendent au contraire que cela relancerait l'économie locale. « À Pitcairn, m'explique Turi en 2012, on pourrait faire des bananes, de la goyave, du kiwi et même développer la pêche du poisson frais. Mais s'il faut attendre un bateau hypothétique pour les exporter, c'est impossible... » Un petit aéroport assurerait une expédition par semaine. Au lieu de quatre à six par an, ça change tout. À Pitcairn, tout le monde pense aujourd'hui que ce serait – ou plutôt que cela aurait été – le moyen le plus sûr de désenclaver l'île sans enfermer l'activité économique dans la seule voie, dangereuse et inégalitaire, qui s'offrira désormais à elle : le tourisme de luxe. « Si on veut aller au bout de la logique, un aéroport se justifierait encore plus qu'avant, me dira une voix anonyme, parce que ceux qui violaient les enfants ont payé leur peine et n'ont plus à craindre d'être dénoncés », maintenant qu'on n'a plus rien à cacher... Un aéroport serait donc aussi une manière d'offrir une perspective commune à l'île, une vision, un avenir... 7 millions d'euros. Mais non.

Pourquoi la Grande-Bretagne refuse-t-elle ? Trop cher pour l'île mythique qui assure la seule présence britannique dans l'océan Pacifique ? Robin devient sibyllin : « Ce n'est pas seulement pour des raisons économiques, c'est d'abord pour ne pas ouvrir l'île au grand tourisme et à l'invasion... » Donc, la Grande-Bretagne veut protéger Pitcairn de l'invasion des villages vacances et des charters. Elle se préoccupe de la préservation de l'identité culturelle de l'île, mais chipote les budgets, ne s'inquiète pas de l'atmosphère devenue irrespirable dans l'île et n'est pas en mesure de garantir dix dossiers sérieux d'installation longue durée? L'argument est d'autant plus fallacieux que l'exemple de Mangareva, le plus proche, montre qu'une liaison hebdomadaire à petite échelle ne fait courir aucun risque d'acculturation par la casquette Ricard et le bermuda hawaïen, le prix des billets et la fréquence des vols restant évidemment des obstacles prohibitifs pour le tourisme de masse! «Sans compter qu'on ne saurait pas où les mettre», rigolera mon ancienne logeuse Darralyn quand je lui raconterai notre échange. Bien au contraire, l'aéroport du Gambier permet d'acheminer les productions de l'île – essentiellement des bananes et des marchandises liées à l'activité des fermes perlières – de et vers Tahiti, à un rythme qui autorise une perspective de développement sur le moyen et long terme. Par ailleurs, la Grande-Bretagne se préoccupe bien peu de la préservation de la culture locale quand il s'agit d'y amener des caisses de Coca-Cola ou de produits manufacturés au lieu de développer de petites industries locales, ou bien quand elle encourage le Conseil à développer les contacts avec les tour-opérateurs des grands *liners* américains, ou encore quand elle maintient en place, en accord avec le Conseil, des conditions d'immigration de nature à calmer les plus vives ardeurs d'installation tropicale.

L'Angleterre a d'autres projets, qui passent par le développement d'un tourisme haut de gamme et... le contrôle économique de l'île. Un aéroport serait une porte ouverte sur le monde, dont la clé échapperait à Londres... Les Pitcairners pourraient organiser leurs propres affaires, connecter de petits réseaux commerciaux rapides avec la Polynésie, vendre, acheter, développer enfin ce «petit secteur privé» que le rapport Solomon appelle de ses vœux. *No way.* Pour Robin et ses amis, le développement touristique est la grande priorité, mais un certain type de tourisme, celui des croisières de luxe « des gens qui ont du temps et de l'argent », précise-t-il. Personne ne s'y oppose dans l'île, certains parce qu'ils attendent de comprendre qui va gagner quoi dans l'affaire, d'autres parce qu'ils sont largement désabusés.

Annoncé à grand renfort de communication, le *Silver Supporter*[117], le nouveau bateau chargé de remplacer à terme le *Claymore II*, est arrivé en 2019. Il est beaucoup plus confortable. Plus cher aussi. Il emmènera plus de passagers, portant le chiffrage annuel de touristes dans l'île à près d'une centaine. Enfin, on l'espère, car pour l'instant, le covid a bloqué toutes les entrées à Pitcairn. « C'est ce qui arrive quand on est dépendant entièrement du tourisme, dira Sue, pas de tourisme, pas d'argent ». Le nouveau bateau permettra aussi, en théorie, d'embarquer du fret au rythme des rotations mensuelles. On peut imaginer que le miel ou les bananes vertes en bénéficieront, mais la dynamique hebdomadaire d'un petit avion est un objectif inatteignable pour le *Silver Supporter*, qui mettra toujours trois jours pour rejoindre l'île depuis Mangareva. Pourtant, une économie autonome basée sur des productions locales, mil, fruits, artisanat... aurait pu perdurer, car les liens n'ont pas été rompus avec l'île française en 2019 et 2020, même durant le confinement. Certes, les touristes ne venaient pas, bloqués chez eux, même interdits d'entrée pour une période, mais les marchandises auraient pu circuler ! Le covid a été un autre motif de dispute dans l'île et a raffermi encore les dispositions xénophobes de certains îliens. Il faut dire que les Pitcairners sont fragiles. Tout en muscle qu'ils sont, leur développement démographique, leur « reproduction en vase clos » qui fait d'eux un spécimen unique au monde – ailleurs, les tribus disparaissent en

---

117. La « brochure » publicitaire du HMS *Silver Supporter* précise que même s'il est largement réservé au fret, le bateau battant pavillon de Gibraltar possède six cabines doubles climatisées capables d'emmener douze passagers en couple.

IX. L'Empire contre-attaque

dessous d'un seuil critique bien supérieur à cinquante individus – les exposent particulièrement. Comme les Indiens d'Amérique ou les Mayas, les Pitcairners sont physiologiquement démunis face à des génomes et capsides que d'autres populations supportent très bien. En période de covid, on a donc été particulièrement attentifs du côté d'Adamstown. À la date de mai 2021, aucun cas de covid n'a été déclaré dans l'île.

En 2010, une nouvelle « constitution » a été adoptée à Pitcairn, sous l'influence très volontariste de la Grande-Bretagne. Elle confère notamment au Conseil de l'île des responsabilités nouvelles, sous l'égide bienveillante d'un « partenariat » avec la « maison-mère ». L'île s'est dotée de quatre « ministères » modernes, en charge des quatre grands axes de développement et de gestion des ressources. La division « Communauté » s'occupe de la santé, des transports, de l'éducation... Bref, de la gestion quotidienne des services publics. La deuxième, dite des « Ressources naturelles » a en charge la préservation de l'environnement et des ressources. La troisième est une sorte de « ministère des Finances » chargé, en gros, de distribuer l'argent qui rentre. La dernière s'occupe de la maintenance, de la machinerie, de l'électricité et des télécommunications.

En réalité, ces quatre administrations déléguées dépendent entièrement des subsides qui arrivent de Londres. Leur latitude décisionnelle dépend entièrement de leur budget, qui dépend entièrement de la main anglaise qui décide d'ouvrir ou de fermer le robinet.

Quand, en 1838, l'île de Pitcairn, cible des raids violents des baleiniers américains, demande la protection de l'Angleterre, elle signe son entrée dans le giron des colonies anglaises, cela a été rappelé au procès. Elle bénéficie alors également, en théorie, de la garantie que l'Angleterre veillera sur ses citoyens du Pacifique aussi bien que sur ceux du Kent. Sur la base de ce beau principe d'universalité, le budget annuel alloué par la Grande-Bretagne à l'île de Pitcairn est stable, autour de 6 millions d'euros depuis 2005[118], soit le prix de l'arrière remplaçant du *Blackburn Rovers FC*, en quatrième division l'an dernier. Le coût incident sur chaque citoyen britannique du budget de Pitcairn est d'environ 0,08 centime d'euros. À titre de comparaison, on a vu que la dotation royale, comprendre l'addition de ce que chaque citoyen britannique paie annuellement pour que Charles s'offre des voyages, Sarah des fêtes, Andrew des chevaux, Harry de la cocaïne et la reine mère des sacs à main jaune canari... est de 1,80 euro !

Refus d'un aéroport, accent sur le tourisme haut de gamme, déficit flagrant d'implication dans l'économie locale (on aurait pu développer de petites subventions pour le miel, les bananes, etc.), non-compensation des pertes liées au covid... Pitcairn est désormais dans la main de l'Angleterre. Après les *trials*, la métropole a organisé sa dépendance économique intégrale. « Pitcairn, c'est l'Angleterre », a-t-on politiquement affirmé en condamnant les « hommes », mais, économiquement, rien n'a été fait pour donner à l'île quelques perspectives de développement. Malignement, on feint de déléguer des responsabilités au Conseil de l'île, mais on maintient Pitcairn sous une perfusion au compte-gouttes, qui peut s'interrompre quand le médecin le décidera. Jusqu'au début des années 1990, l'île était encore en état d'autosuffisance, note le rapport Solomon Leonard. Les années 2000 ont amorcé le déclin. Le coup de grâce est arrivé en 2005. Juste après les procès. Ce calendrier ne peut relever du hasard. Marque-t-il alors la nécessité

---

118. Chiffres confirmés en 2015 par le rapport Solomon. En 2021, le bureau du Haut-Commissaire refuse de communiquer ce chiffre, mais il est, selon toute probabilité, équivalent ou proche.

IX. L'Empire contre-attaque

absolue de contrôler ce qui entre, ce qui sort, et ce qui fait vivre l'île ? « Disons que ça arrive à ce moment-là », commente un sibyllin Robin Shackle. Disons donc que ça tombe bien. « C'est l'époque où le commerce des timbres s'arrête », note mon copain Pawl. Passant de 5 millions de dollars annuels à presque rien, les « profits phila-téliques » ne font plus vivre l'île à la moitié des années 2000. Pire, pendant des années les profits ont été investis dans des *hedge funds* américains et des fonds financiers qui vont s'écrouler pendant la crise de 2008. En quelques mois, c'est le trésor des pirates qui s'envole en fumée ! Et voilà qui dégage encore le terrain pour une reprise en main par « l'actionnaire » grand-breton. La métropole a l'obligation légale et morale, selon la loi des *Overseas territories*[119] de subvenir aux besoins de ses citoyens des territoires d'outre-mer, mais rien ne l'oblige à faire du zèle en assurant le développement de l'île. Alors, comme n'importe quel ministre des Finances d'Europe, elle organise l'austérité, elle applique à l'île un plan stratégique marketing de matrice purement néolibérale : les Pitcairners auront de quoi survivre, sous la menace permanente qu'on leur coupe les vivres s'ils se rebellent de nouveau. Les mutins sont devenus des moutons, en attendant que l'âge du capitaine et le cholestérol résolvent définitivement le problème de Pitcairn... « Avant qu'on y installe une base militaire et un centre de plongée ! », rigole Sue.

Officiellement, la Grande-Bretagne a bien un projet pour Pitcairn. C'est le SDP[120]. Théorisé par le *Foreign Office*, le *Overseas Bureau*, le Haut-Commissariat en collaboration avec le Conseil de l'île, le plan vise à « l'incitation à l'immigration », à « l'encouragement des projets

---

119. Aux termes du *United Kingdom Statement* déposé devant les Nations Unies en octobre 2010.
120. *Strategic Plan of Development,* consultable sur le site du Conseil de l'île de Pitcairn. www.government.pn

privés», à «la promotion des options de transport», à «l'amélioration des pratiques équitables», à «la consolidation des partenariats», etc. Mais, note le rapport Solomon, les investissements envisagés «ont souvent souffert de retards, notamment pour la question des chemins, des maisons pour les expatriés, des communications, de l'énergie renouvelable, de l'amélioration du réseau électrique…», ce qui, ajoute le rapport, a un impact direct sur «la crédibilité du "donneur"» et même sur «la morale dans l'île».

Finalement, c'est un plan de relance qui se paie de mots et de promesses, digne d'un repreneur d'entreprises truand en grande difficulté! «Personne n'y croit, évidemment», me confirmera Sue. Il acte au contraire que le développement économique local n'est pas une priorité. La Grande-Bretagne entretient l'illusion, feignant de travailler au repeuplement de l'île alors même qu'elle œuvre à en interdire l'accès, ou plutôt qu'elle laisse les Pitcairners eux-mêmes s'enferrer dans la peur et l'ignorance qui empêchent toute ouverture sur le monde. Les rares impétrants migrants sont rejetés à la mer les uns après les autres[121]. Quelques microprojets, comme la création d'un artisanat commercial du miel, servent de cache-misère à l'absence totale de dynamique de développement économique. À quoi bon, d'ailleurs, faire du miel à Pitcairn «si c'est pour en vendre douze pots par an aux vieux Américains en croisière.», dit Vaine-Peu, le premier à avoir installé des ruches dans un petit pré en pente au-dessus d'Adamstown. La pêche? Le rapport Solomon pointe en 2014 que le développement de la pêche sera inenvisageable au-delà de la consommation des familles de l'île. La création du parc marin interdit, par ailleurs, tout prélèvement excédant l'activité très artisanale. Le dernier leurre offert à l'île pour qu'elle oublie sa mort

---

121. Voir chapitre suivant.

prochaine est un bateau à fond de verre qui permet de promener les touristes autour de l'île et loin vers les *reefs* d'Oeno et Henderson, «sauf évidemment en période de covid». Le Haut-Commissariat, qui prétend se démener pour le repeuplement de l'île mais n'a aucun dossier sérieux en cours, n'ignore pas qu'on attirerait naturellement des migrants «intéressants» à Pitcairn si on organisait les conditions de l'attrait économique, conditions totalement inexistantes à l'heure actuelle, note le rapport Solomon : «Personne ne viendra à Pitcairn pour des raisons économiques, notamment du fait de la faiblesse du "secteur privé" et du peu d'emplois administratifs à disposition». Évidemment. Mais si on rapproche cette donnée de celles des statistiques de développement démographique de l'île qui évaluent à une dizaine de migrations supplémentaires le seuil à partir duquel l'île pourrait se projeter avec sérénité vers l'avenir? Dix emplois, dix familles... La cinquième puissance économique du monde ne peut-elle se permettre cet investissement qui sauverait l'île? Dans un futur très immédiat, Pitcairn a besoin de cinq hommes capables de manœuvrer le *longboat*. Faut-il plus de quelques minutes pour identifier des besoins primaires qui justifieraient la présence de la puissance publique anglaise dans la voirie, la santé publique, l'école, les transports, la construction?

Le coup de pied de l'âne Boris Johnson aux Pitcairners aura été donné en 2020, avec l'arrêt, *Brexit* oblige, des subventions européennes à l'île! Plus de 2,3 millions d'euros vont manquer. Le projet de consolidation d'infrastructures et des jetées sur la grève de l'ouest risque de s'arrêter. En 2020, Mike Lupton s'inquiétait : «Les Pitcairners sont surpris de n'avoir jamais été consultés ou informés alors que ce changement est tellement lourd pour eux, on ne sait pas du tout si les fonds arrivant d'Europe seront pris en charge par la Grande-Bretagne par exemple »[122]. Le sujet est encore en discussion, mais on se dirige presque sûrement vers un non. D'autant que d'autres territoires d'outre-mer grands-bretons, plus riches, plus importants et beaucoup moins marqués du sceau de l'infamie, sont dans la même situation : Gibraltar, l'Antarctique anglais ou les Falklands. Quelques observateurs ont fait remarquer que la situation non prioritaire de Pitcairn pourrait même relancer le débat autour de la vente de l'île à la Nouvelle-Zélande ou… au « voisin français », note *The globalist*[123] en 2020. Mais au-delà même de la rivalité historique entre France et Angleterre ou du prestige de voir flotter l'Union Jack sur l'océan Pacifique, cela n'aurait aucun sens en regard du développement du parc marin et du tourisme haut de gamme qui se préparent.

Face à la crise financière, à l'organisation de la mainmise anglaise sur l'économie et la politique locale, Pitcairn a donc vu la part de son économie propre passer de 100 %, aux temps bénis de l'autosuffisance, à 5 %. Aujourd'hui, Londres refuse *de facto* toute projection locale de croissance touristique. Pourtant, « on pourrait faire beaucoup de choses si on voulait », pense Pawl, « il suffirait de s'organiser pour accueillir un peu plus de visiteurs un peu plus longtemps, on peut les emmener à Dulcie ou Oeno, organiser des balades autour de Pitcairn, accueillir des conférences de scientifiques, des groupes de passionnés d'histoire de la piraterie… » Mon copain pirate a mille idées à la seconde. Mais la condition première serait la levée du joug anglais, l'ouverture de la cage : des liaisons avec le monde extérieur. *No way.*

---

122. *Trouble in paradise for Britain's overseas territories*, Aljazeera media, 2019.
123. Ludger Kühnhardt, "After Brexit: Will the UK now lose the Falklands islands?", *The Globalist*, 28 décembre 2020.

X.
À propos du paradis
où personne ne veut vivre...

15 janvier 2021, Milan

Je reçois un nouveau courriel de Sue : «Le problème, c'est les gens tu sais, ici rien ne changera jamais.» Mon amie a peu d'illusions : Pitcairn va mourir. Peut-être plus lentement que ne le disent les statistiques. Peut-être plus violemment. Mais la fin est inéluctable : «Tu sais que l'âge maximum pour conduire le *longboat* c'est 58 ans ? Il faut trois hommes à chaque sortie pour manœuvrer le bateau, il reste quatre hommes dans l'île capables de le conduire, et deux d'entre eux auront l'âge limite l'année prochaine... On va faire comment ?»

L'an dernier, le Conseil de l'île a passé une petite annonce dans la presse néo-zélandaise pour recruter un maître ou une maîtresse d'école. Le salaire est bon, la maison est fournie, les conditions de travail sont idéales, mais il y a eu très peu de réponses. Les *trials* ont laissé des traces en Nouvelle-Zélande. La réputation de Pitcairn s'est répandue dans l'administration néo-zélandaise. Les enseignants, autrefois recrutés dans le service public d'Auckland ou Wellington et détachés pour quelques années, ne veulent plus venir, même accompagnés de leur famille, surtout accompagnés de leur famille.

Pitcairn a besoin de sang neuf. Tout le monde le sait, mais personne ne semble pressé d'entamer la transfusion.

En 2014, un rapport d'un grand cabinet d'études économiques et sociales de Wellington[124], déclassifié en 2020, fait un état des lieux de l'île. Ses projections de développement sont alarmistes dans presque tous les domaines. Mais sur le front démographique, il ne laisse aucun espoir à Pitcairn si rien ne change : l'île va se dépeupler – à tout le moins, elle va perdre sa population originale des descendants de mutins – ce n'est qu'une question de temps, «mais ce sera rapide de toute façon», ironise désespérément mon amie Sue qui connaît l'étude en question.

La projection démographique dont fait état ce rapport part d'une base de quarante-neuf Pitcairners résidents[125] en 2013 et envisage l'avenir jusqu'en 2045, à partir de règles de calcul statistiques et scientifiques qui n'ont souffert aucune controverse. En 2045, il ne restera que vingt-trois résidents. Tous vieux! Le chiffre des résidents en âge de pratiquer une activité, et donc de participer au développement immédiat de l'île, passe de trente et un en 2013 à trois en 2045. Trois personnes en âge de travailler! Rappelons-nous

---

124. Le rapport "Pitcairn Island Economic review" est élaboré en 2012, révisé en 2014 par le cabinet Solomon Leonard. Commandé par le Haut-Commissariat et le Conseil de l'île, il a pour but de procéder à un audit exhaustif sur la situation économique de l'île et surtout sur ses perspectives. Les conclusions sont dramatiques.

125. Le nombre de résidents est certifié par le site du Conseil de l'île. Il n'est pas forcément égal au nombre d'habitants, car des résidents peuvent habiter fréquemment à l'étranger. C'est le cas de Jaqui Christian, par exemple. Au contraire, des habitants, la maîtresse d'école ou la famille Johansson en 2019 ne sont pas considérés comme des résidents.

que le principal argument de la défense des «hommes» pendant les procès était basé sur l'idée fausse, mais défendue bec et ongles par les avocats avec le soutien d'une grande partie de la population, que l'île ne pourrait survivre si on enfermait six hommes alors même que quinze autres étaient en âge de la faire fonctionner. Si l'île est en danger quand quinze hommes peuvent la faire tourner, avec trois hommes son destin est écrit, c'est la mort qui est promise. Il faut déjà quatre hommes pour manœuvrer la chaloupe! Mais le chiffre le plus terrible de tous concerne les mineurs résidents dans l'île : ils ne sont que huit en 2013. Il n'y en aura plus qu'un en... 2025, déjà. Et évidemment zéro en 2045. Au bureau de la gouverneure, on me signale que l'étude prévoyait qu'en 2020 il n'y aurait que quatre enfants à l'école alors qu'on sait désormais qu'ils étaient six. Et ce fanfaron de Robin Shackle qui se réfugie dare-dare derrière le cliché traditionnel de l'immortalité du mythe : «De toute façon, depuis que je suis arrivé en 2000, on nous annonce la disparition de l'île et vous voyez que les prévisions sont toujours démenties...». Six élèves au lieu de quatre, sur une population si peu nombreuse depuis deux cents ans, ce n'est pas une marge d'erreur, c'est 50 % de la projection! Est-ce à dire que le rapport est pessimiste et que l'île trouvera toujours des ressources, comme le dit Robin? Non, c'est juste que le chiffre avancé par le bureau de la gouverneure inclut les enfants des Johansson, qui ne sont pas résidents, et qui sont d'ailleurs déjà rentrés chez eux en Suède. Le rapport disait qu'il y aurait quatre mineurs à l'école en 2020, et ils étaient bien quatre. Robin feint de croire au mythe de l'éternité de Pitcairn, ou plutôt, il l'entretient, et avec lui l'espoir, à défaut d'entretenir la logique et la vraisemblance... De fait, il existe, à propos de Pitcairn et de son avenir, une approche optimiste surréaliste qui prend l'histoire et la génétique à témoin du miracle renouvelé de l'île... En substance, l'idée que «ça fait deux cents ans qu'on nous chante le destin et les ténèbres...»[126] dit, par exemple, Simon Young. Après tout, Pitcairn a traversé tant d'épreuves, a été tant de fois promise à la mort et tant de fois s'est relevée... «Quand les premiers hommes ont finalement réussi à faire la paix, m'expliquera Brenda un soir devant un verre de rhum de Rarotonga, il ne restait plus sur l'île qu'un adulte valide, John Adams, et vingt-quatre enfants!» Et l'île est renée! Le miracle a eu lieu. «Et quand la moitié de la population est partie pour Norfolk, ajoute Charlene, on n'avait même plus d'hommes pour mener le bateau». Et l'île est renée! Le miracle a eu lieu. «Et quand les hommes ont été en prison, dit Meralda, on pensait tous que c'était la fin». Et l'île est renée! Le miracle a eu lieu.

Alors pourquoi diable en irait-il différemment cette fois?

Cette conception «rassuriste» est un classique de la psychologie cognitive : l'espèce humaine ne peut croire à sa perte. Individuellement, l'homme qui meurt espère toujours un miracle. Mieux, il y croit. Ce biais d'optimisme[127] est puissant. À Pitcairn, il s'appuie à la fois sur la valorisation de l'intelligence sans cesse renouvelée des hommes et sur l'histoire mythifiée de l'île, et trouve évidemment un écho flagorneur dans l'administration et chez les politiques. Comme un DRH cynique convoque un ouvrier de 55 ans pour lui annoncer dans la même phrase qu'il est licencié et qu'on n'est «pas inquiet pour lui», car il a tellement de qualités qu'il «saura bien rebondir ailleurs», les gouverneures et gouverneurs qui se sont succédé ont vanté l'immortalité de Pitcairn sans jamais rien faire pour assurer la relève.

---

126. Expression anglophone idiomatique : *gloom and boum*.
127. Le biais d'optimisme appartient à la catégorie des biais cognitifs liés à la personnalité. Profondément ancré chez l'être humain, il dispose que chacun se sent moins exposé que d'autres à un risque donné. En économie comportementale ou dans les « relations publiques », cette disposition est naturellement confortée par un discours politique *ad hoc*.

En débarquant à Pitcairn en 2018, Laura Clarke s'émerveillait à grand renfort de métaphores papelardes, de mots vides et de dialectique managériale digne d'un startuper du Nouveau Monde devant la « capacité de réinvention des Pitcairners », affichant un sourire et un optimisme autoaccomplissant qui coupaient l'herbe sous le pied de tous ces déclinistes qui se nourrissent si vulgairement de chiffres : « Certes, la population vieillit, mais je ne suis pas inquiète, les gens vont revenir et tellement de migrants rêvent de vivre ici ! »

En 2012, on fixait comme objectif une immigration d'une trentaine de personnes d'ici 2016. Pourtant en 2016, on n'avait pas bougé d'un iota. Pire, des jeunes étaient partis, des hommes avaient pris leur retraite, et des vieux avaient vieilli… Commentaire de mon député-gouverneur en 2021 : « Eh, c'est difficile ». Alors quoi, on ne croit plus au miracle permanent ?

Une vie au contact de la nature, l'océan Pacifique au petit-déjeuner, la perspective de s'insérer dans une petite communauté qui ressemble à un village, travailler au grand air, aller à la pêche, prendre le temps de voir grandir sa famille, sortir de chez soi en laissant sa porte ouverte, ne pas payer d'impôts, aller travailler à pied ou en quad, pique-niquer sous les palmiers… À l'heure où le monde est malade du coronavirus, du chômage, de la pauvreté qui gagne, de la violence, des luttes de classes, Pitcairn présente des atouts susceptibles d'attirer des migrants. Certes, s'installer ici est un choix de vie à long terme, un bouleversement total, un voyage sans retour ou presque. C'est aussi une décision qui engage, le cas échéant, l'avenir des enfants. Comment vont-ils s'épanouir dans ce nouveau cadre ? Mais on peut imaginer qu'au regard de la multiplication des crises en Europe ou aux États-Unis, il est plus que probable que de nombreux candidats se déclareraient si un « appel d'offres » était lancé et soutenu par la Grande-Bretagne. Et on n'aurait que l'embarras du choix pour sélectionner les quelques dizaines de candidats-habitants supplémentaires nécessaires pour atteindre un nouveau point d'équilibre à partir duquel se projeter vers un horizon plus serein.

L'objectif fixé est tellement ridicule qu'on imagine péniblement qu'aucune installation n'a pu aboutir ces dernières années...

D'autant que tout le monde au moins est d'accord sur le constat, la nécessité de « repeupler ou crever ». « En apparence seulement, tempère Sue, parce qu'ici tout le monde va te dire qu'il est favorable à de nouvelles installations de migrants, mais juste après ils vont te dire "ça dépend qui et ça dépend comment." » Oui, bien sûr, c'est compréhensible, on veut des familles, repeupler l'île, ça passe par les enfants, non ? « Oui, mais des familles, ça veut dire des gens qui travaillent et, ici, les îliens ont d'abord peur de perdre leurs jobs ou de devoir les partager, ils préféreront crever avec leur île que de partager ».

Pas de quoi rassurer d'éventuels candidats. Sans compter qu'il y a des obstacles naturels. Venir à Pitcairn est difficile, en repartir aussi. Et c'est cher. Imaginons une famille anglaise de quatre personnes qui saute le pas de l'immigration, il lui sera bien difficile d'imaginer rentrer en Europe une fois l'an pour embrasser les grands-parents ou fêter Noël. Rien que pour aller à Tahiti, il lui en couterait environ 15 000 dollars ! Sans compter le manque de développement des infrastructures qui limite drastiquement les possibilités de « s'échapper » de l'île, au sens propre comme au sens figuré.

Reste aussi l'enjeu toujours tu de l'image déplorable de l'île après l'épisode odieux des crimes de pédocriminalité. De nombreux immigrants potentiels, attirés par l'isolement ou la nature, sont-ils freinés par la mauvaise image de l'île ? Refroidis par la réputation des Pitcairners? «On a beaucoup de dossiers», répond un Robin Shackle[128] légèrement embarrassé, depuis le Bureau du gouverneur à Auckland. Beaucoup de dossiers... Beaucoup de dossiers, mais pas beaucoup d'installations, c'est le moins qu'on puisse dire. D'ailleurs beaucoup de dossiers, c'est combien de dossiers Robin? «On ne peut pas vraiment le dire». «Donc on a beaucoup de dossiers, mais pas de résultats.», ironise Sue, à qui je rapporte les propos du *Deputy Governor*. «Ceci dit, reprend mon amie, je ne pense pas vraiment que "l'Affaire" soit un frein aux demandes d'installation, au contraire, les candidats pourraient se dire que, ce problème appartenant au passé, il y a peu de risque qu'il se renouvelle puisque des précautions sont prises maintenant et les conditions du contrôle et de la police sont réunies». La présence d'enfants étrangers dans l'île est toujours soumise à dérogation spéciale, mais admettons. Alors quoi? Qu'est-ce qui retient les candidats à la migration? «C'est simple. Deux choses : d'abord la difficulté de remplir les conditions imposées par le Conseil de l'île, ensuite les habitants qui ne veulent accueillir personne.» Voilà qui est étonnant puisque, *a priori*, de la gouverneure au Conseil ou aux habitants les plus bourrus – même Steve Christian concède que «l'île a besoin de jeunes» – tout le monde est favorable à l'implantation de nouveaux migrants. Meralda Warren, défenseuse acharnée des «hommes» et de la «tradition» pitcairner, déclare en septembre 2019 à une journaliste néo-zélandaise : «J'ai 60 ans, on devient tous vieux, il faut des jeunes, et pas seulement pour développer des projets touristiques». Elle touche un point sensible : la Grande-Bretagne veut favoriser des implantations liées

---

128. Robin Shackle a été *Deputy* (Substitut) au Bureau de la gouverneure Laura Clarke, de 2016 à 2021. Il a notamment été en charge des dossiers d'immigration dans l'île de Pitcairn, en liaison avec le Conseil de l'île.

au tourisme, comme «un couple qui viendrait avec une station de plongée prête à fonctionner, par exemple», propose Robin, et une famille qui déciderait de venir pour élever des chèvres et faire du fromage. «Oui, bien sûr aussi», mais j'ai la nette impression que la première option a les faveurs de mon député-gouverneur, alors même que la seconde s'inscrirait beaucoup plus durablement dans l'horizon démographique de Pitcairn.

La dernière tentative d'installation familiale d'étrangers a eu lieu en 2020. Les Johansson sont venus de Stockholm à la recherche d'une vie nouvelle. «À Stockholm, tout tourne autour de la maison, la voiture, combien tu gagnes... On ne fait qu'entretenir des relations économiques ou professionnelles, on cherchait plus d'authenticité, des opportunités de découverte, de rencontres, une autre relation au monde». Les Johansson sont quatre. Idéal pour Pitcairn. Il y a Hanna, 44 ans, illustratrice graphique, Daniel, 45 ans, *property manager*, et les deux enfants, Erik a 15 ans et Klas 9. «Je peux travailler de n'importe où, dit Hanna, il suffit que j'aie une connexion Internet». Daniel, lui, a pris une année sabbatique, le temps de tenter une première expérience dans l'île. «C'est toujours ce que nous demandons, m'explique Robin Shackle, depuis Wellington, personne ne peut venir ici au hasard.» De ce côté-là, pas de soucis, Hanna et Daniel sont préparés et rien, pas même la mauvaise publicité des procès des années 2000, ne les fera renoncer à leur rêve! Au contraire... «Un jour, on a lu un article titré : "Le paradis où personne ne veut aller vivre!" et on a dit *banco*». Heather Menzies a raison, il faut être un peu allumé pour décider de s'installer ici! Dépôt du dossier, vérification des revenus, entretiens avec le Bureau de la gouverneure et le Conseil de l'île. Le couple franchit les étapes les unes après les autres et se conforte dans son projet. Klas ira à l'école d'Adamstown, Erik suivra des cours par visioconférence.

Pleine page et ouverture du *Miscellany*, le journal local, placard à la salle commune, albums photos... À Pitcairn, l'arrivée des migrants suédois est plus médiatisée qu'une échographie de l'arrière-nièce de la reine d'Angleterre. Le beau jour de juin venu, à peine débarqués du *longboat*, on leur fait la fête à grand renfort de tapes dans le dos et d'embrassades. À peine installés dans la petite maison de Pulau qu'ils vont occuper au début, on leur amène des fruits et des gâteaux. Les Johansson sont impressionnés et heureux! Voilà bien un accueil digne d'un juge de la Couronne ou d'un détective de Scotland Yard!

La famille a longuement réfléchi, échangé, évalué les risques... Certes, ils savent ce qu'ils quittent et pas encore ce qu'ils vont trouver, même si Hanna est venue auparavant, quelques jours en éclaireuse, mais ils sont positifs : «On n'est pas venus en vacances, on va essayer de faire notre trou sur ce caillou volcanique. On veut s'intégrer, se faire de nouveaux amis.» Très vite, Daniel rejoint l'équipe de construction de l'île. C'est commode puisque la famille devra construire sa propre maison, comme le stipule le contrat d'immigration qu'ils ont signé. Les premières semaines se passent à la découverte de leur nouveau monde. Charlene Peu est optimiste elle aussi : «C'est magnifique de les voir arriver, j'espère vraiment qu'ils vont rester, ils ont réfléchi avant de venir, personne ne vient ici par hasard». Ni pour gagner de l'argent, comme le stipule le rapport de 2014 sur l'immigration potentielle dans l'île, dans le chapitre des recommandations pour augmenter le chiffre de la population[129] : «Il y a trois options pour grossir le nombre d'habitants : faire

---

129. Rapport Solomon et Leonard, 2014.

des enfants ici, faire revenir des résidents, favoriser l'arrivée de nouveaux migrants». Il n'y a eu aucune naissance dans l'île ces cinq dernières années. Ceux qui partent ne reviennent pas, ou difficilement. Les Johansson sont donc symboliquement la seule chance de survie de Pitcairn. Pourtant, le rapport note aussi que tout n'est pas parfaitement en place pour favoriser cette option. Le ton est même direct, ce qui est plutôt rare pour un audit économique : «La politique d'immigration dans l'île n'est pas claire, notamment sur l'accueil fait aux arrivants du point de vue du travail et de l'assistance. Ils ne peuvent prétendre aux emplois administratifs, ni aux subsides qui arrivent de la Grande-Bretagne, ni aux revenus qui proviennent du commerce avec les bateaux de croisière, ni aux services gratuits pour l'électricité ou la connexion Internet... » Bref, les migrants sont les bienvenus et les Pitcairners sont tous favorables à leur installation, mais personne ne veut rien partager : « C'est Pitcairn », se lamente mon amie Sue.

À Andrea Vance, journaliste de *Stuff Mag* venue spécialement d'Auckland pour documenter l'installation des pionniers, la famille déclare, quelques mois plus tard, que « s'installer à Pitcairn demande réflexion, c'est une décision lourde »... qu'ils prendront à tête reposée après avoir passé les fêtes à Stockholm. Ils ne reviendront pas.

Avant la famille Johansson, la dernière tentative connue d'installation à Pitcairn remonte à plus de quinze ans. En 2004, un jeune couple d'Allemands de Dresde, Nicola Ludwig et Hendrik Roos, tente l'aventure plein d'espoir. Ils ont des enfants, une activité artistique et de communication qu'ils peuvent exercer loin du monde et proches d'une connexion, même épisodique comme elle pouvait l'être en 2004, mais ils sont volontaires, ouverts et altruistes. Au *Miscellany*, la feuille imprimée chaque jour à Pitcairn pour donner les nouvelles de l'île, ils déclarent eux aussi qu'ils n'ont qu'une hâte «se faire des amis et s'intégrer à la communauté pour faire partie de la grande aventure de Pitcairn». Huit mois plus tard, ils sautent en catastrophe sur le premier porte-conteneurs qui passe à portée de VHF. Que s'est-il passé? «On leur a fait une vie d'enfer, tout simplement, on ne leur prêtait rien, on ne les renseignait jamais, il y a même eu une agression...», me dit-on aujourd'hui. À Kathy Marks, qui lui demande quel a été, selon lui, le dernier migrant à s'installer avec succès à Pitcairn, Matthew Forbes, le *deputy gouvernor* en 2004, répond après une longue hésitation : « *Well*, je pense que c'est Samuel Warren en 1864». En cent cinquante ans, aucun étranger à l'île n'a réussi à y faire souche, en deux cent cinquante ans, un seul. Et son descendant le plus proche, Pawl Warren, s'entend encore parfois opposer qu'il n'est pas un vrai Pitcairner.

Même les Norfolkers[130] d'origine, comme Nadine, disent que «c'est très dur de s'adapter, j'ai dû faire mon trou moi aussi en arrivant au début des années 1990.» Elle avait pourtant débarqué dans l'île au bras de Randy Christian, le fils du maire Steve, l'un des hommes les plus puissants de la communauté.

Êtes-vous si sûr que ça d'avoir beaucoup de dossiers en attente Robin Shackle? Impossible d'obtenir une estimation du nombre de dossiers déposés chaque année auprès du Haut-Commissariat ou du Conseil de l'île. Mais des chiffres circulent, dans l'île ou dans la presse néo-zélandaise. En 2012, Darralyn m'assurait déjà que «des centaines de familles veulent s'installer chaque année...» Il semble bien, en effet, que le nombre de dossiers déposés chaque année

---

130. En 1850, craignant l'incapacité de l'île à nourrir la population de Pitcairn qui avait atteint le chiffre de deux cent quarante résidents, une centaine d'entre eux décidèrent de quitter Pitcairn pour s'installer à Norfolk, une île mise à leur disposition par le gouvernement australien, beaucoup plus proche de la terre. Plusieurs dizaines d'entre eux revinrent ensuite à Pitcairn, d'autres fondèrent des familles à Norfolk.

au Haut-Commissariat se situe entre huit cents et mille. Il n'existe aucune évaluation pour 2020 ou 2019, mais on peut logiquement penser que le covid, le *Brexit*, l'insécurité, les crises, le changement climatique n'ont pas ralenti ce mouvement, au contraire. La première conséquence de cet engouement jamais récompensé est de faire rentrer dans les caisses du Haut-Commissariat et de la Grande-Bretagne plus de 400 000 $ par an puisque les frais d'application du dossier sont de 500 $ par demande. Mais, évidemment, la question la plus cruciale est : pourquoi, en regard de tant de demandes, aucune famille n'a-t-elle migré dans l'île dernièrement ? Certes, il y a les réponses classiques déjà évoquées, l'isolement, l'éloignement, la vie dans la nature, le stress... Mais enfin, comment se fait-il que sur plus de huit mille dossiers[131] déposés ces dix dernières années, seuls deux aient été suivis d'une tentative d'implantation ? Les Johansson sont repartis. Les Allemands de Leipzig aussi. Sans doute se sont-ils rendu compte avoir fait le mauvais choix ? Mais les sept mille neuf cent quatre-vingt-dix-huit autres ? De quoi se sont-ils aperçus ? Comment ont-ils été dissuadés ? De rien. Par personne. Ils ont juste été refoulés. Tous ces dossiers étaient-ils fantaisistes ? « Les gens idéalisent Pitcairn, ils ne sont pas toujours prêts », tentent mes interlocuteurs. Ah bon ? Les milliers de dossiers déposés ces dernières années étaient l'œuvre de rêveurs et d'illuminés ? Les candidats au changement radical de vie sont-ils si stupides qu'ils ne considèrent ni la situation géographique ni les difficultés que peut représenter un

---

131. Le chiffre de huit mille est une extrapolation déduite des estimations citées précédemment. À bout d'insistance, le Haut-Commissariat finit par reconnaître « plusieurs centaines » de demandes annuelles, mais se refuse à toute communication officielle sur le sujet. Le Conseil de l'île reçoit, lui, moins de demandes en direct, la plupart étant déposées au Haut-Commissariat, mais là aussi « plusieurs centaines de demandes par an » sont évoquées. En tout état de cause, le fait est que seulement deux tentatives d'installation, en dix ans, ont eu lieu. C'est un chiffre dérisoire, quel que soit le nombre de demandes.

déménagement à Pitcairn ? Saisis de l'idée la veille, ils migrent sur un coup de tête ? Tous ? Évidemment, c'est impossible à croire. Et puis si c'était le cas, pourquoi ne pas simplement le dire ? Communiquer officiellement à ce propos, chiffres à l'appui ? Pourquoi ne pas publier sur les actes du Haut-Commissariat ou du Conseil de l'île le nombre de demandes annuelles, la qualité des dossiers et les raisons du refus ? De manière complètement contre-productive, si l'on considère que la position officielle de la Grande-Bretagne est de vouloir repeupler l'île, Robin argumente autour de la difficulté de remplir les conditions nécessaires. Certes, les candidats doivent être capables de subvenir à leurs besoins sans aide de l'État, de construire leur maison eux-mêmes, ils sont interdits d'emplois publics, des brimades subsistent même comme l'obligation de travailler gratuitement pour l'île, le plus souvent à des tâches humiliantes. Mais ces conditions sont connues des impétrants! Ils candidatent en connaissance de cause! S'ils persistent dans leur souhait, c'est donc, au contraire, qu'ils sont particulièrement motivés.

Non, la seule raison, parce que c'est la seule option qui reste, est que le Conseil de l'île et le Haut-Commissariat rejettent systématiquement les dossiers. Pourquoi? «Je te l'ai déjà dit, argumente Sue, au fond les gens d'ici ne veulent pas de migrants». Et le Haut-Commissariat non plus, semble-t-il...

Officiellement, les îliens comme les Anglais réclament donc du sang neuf, mais les uns comme les autres agissent en un sens exactement opposé : les premiers par peur et xénophobie, les seconds parce qu'ils n'ont aucune intention de maintenir une communauté si gênante dans l'île.

La dernière option pour augmenter le chiffre de la population et, par exemple, atteindre l'objectif fixé en 2010 par le Bureau du gouverneur de soixante habitants en... 2016, c'est de favoriser le retour de résidents partis à l'étranger. À Pitcairn, on rêverait du retour des enfants prodigues. «Eux au moins connaissent les vraies conditions de vie».

Revenir au pays, c'est exactement ce qu'ont fait Pawl et Sue, en 2006. C'est aussi ce qu'a fait Heather Menzies, la responsable du tourisme, en 2010. C'est encore le choix de Brenda et Mike Lupton, en 2008. C'est également l'aventure de Kimonia et Jayden Warren, en 2018. Ils se sont installés près de leurs parents, mènent une vie tranquille, font du café dans leur verger et cultivent leur jardin...

Ces retours ont à peu près fait l'unanimité dans l'île (au moins au moment où ils se sont produits, ce n'est plus le cas aujourd'hui pour Sue et Pawl, par exemple, stigmatisés par les «hommes» mis en cause dans les *trials* que Sue qualifie sans ambages d'«ignorants malfaisants»). Ils n'ont à peu près déplu à personne, au contraire du retour, en 2012, de Jaqui Christian, la seule victime des «hommes» à être revenue dans l'île. Alors l'île sera-t-elle sauvée par ses enfants de retour ? Là encore, les chiffres sont clairs. La très grande majorité des Pitcairners partis ne reviennent pas. Et quand ils reviennent, ils le font seuls, en retraite, sans enfants. Heureusement, la Grande-Bretagne a une solution...

XI.
Un grand parc pour l'humanité,
un petit piège pour Pitcairn...

Décembre 2020, Adamstown, Pitcairn Island

Dans l'île aux pirates, tout le monde en parlait déjà en 2012! La création d'une réserve marine est la décision que tout le monde attend, le projet qui peut sauver Pitcairn. Et la bonne nouvelle, c'est que l'Angleterre semble disposée à faire sa part, et même à investir financièrement. Des Christian aux Brown, aux Young ou aux Warren, la réserve marine est un point d'accord transversal entre les îliens qui se sont déchirés au moment des *trials*. Pawl et Sue pointent l'importance de préserver les atolls déserts qu'ils imaginent comme «un cadeau de Pitcairn offert au monde», Jaqui Christian note que «la zone autour de l'île centrale avec ses eaux profondes et son climat tempéré n'est pas très fréquentée, et donc les espèces y seraient à l'abri». Même Meralda est d'accord : «J'espère qu'on va réaliser à quel point cet endroit est un joyau qu'il faut préserver, et le parc est le moyen pour ça!» Tous disent que l'économie locale pourrait repartir de ce point de focus : créer de l'activité, accueillir un tourisme ciblé, attirer des plongeurs du monde entier... Et tous s'imaginent, évidemment, partie prenante d'un tel projet de développement ambitieux, équitable et centré sur la vie locale. « Ce serait un tel bénéfice pour l'île », dit Sue à l'époque.

En 2021, maintenant que le parc est une réalité, mon amie est encore convaincue, mais impatiente : « C'est une bonne chose que ça existe, maintenant on espère que ça va créer de la richesse pour nous ». Comme tout le monde à Pitcairn, Sue attend encore les vrais résultats, les bénéfices pour l'île. L'espoir fait vivre, dit-on, à Pitcairn comme ailleurs. Mais le fait est que le parc, officiellement né en 2016, tarde à être le déclencheur d'un renouveau économique, le pas qu'on espérait vers le Graal retrouvé de l'autosuffisance et de la relance économique à partir de laquelle on envisagera de nouveau l'avenir.

Il faut dire que la mariée est belle : une réserve marine, mais pas n'importe laquelle, la plus belle, la plus moderne, la plus grande – enfin presque, car depuis l'an dernier la réserve des îles Australes lui dame le pion de quelques 200 000 km². De fait, « C'est un projet formidable qui peut sauver les îles Pitcairn et assurer un futur à tout le monde », dit Robin Shackle. Mon *Deputy Governor* amateur de flore aquatique est beaucoup plus disert sur la réserve marine de protection des espèces que sur les *trials* ou les atermoiements de l'Angleterre pour essayer de favoriser l'immigration à Pitcairn.

Tout d'abord, la réserve écologique présente l'énorme avantage de limiter la pêche dans la région et de recréer un espace de développement des espèces. Aujourd'hui, les abords de « Pitcairn île -mère » ne font pas partie des grandes zones de pêche, mais il n'en est pas de même pour les autres îles de l'archipel. Oeno,

Ducie ou Henderson sont régulièrement vidées de leurs réserves halieutiques par la pêche industrielle japonaise ou américaine. Au niveau international, personne ne s'est jamais mobilisé, et d'abord pas l'Angleterre, contre ce pillage organisé par les deux plus grandes puissances économiques du Pacifique. Et même si les abords directs de Pitcairn n'ont jamais été objets du pillage international, Pawl se souvient des longues semaines sans poissons « parce qu'un Japonais passait autour de Henderson et qu'on n'avait plus un thon ici pendant un mois ! »

Le projet de réserve répond à l'origine, selon le cahier des charges[132], à l'objectif principal de « protéger l'environnement marin de la zone » de l'un des milieux naturels les plus vierges et isolés du monde, qui compte notamment les récifs coralliens les plus profonds du monde et les eaux les plus claires. « L'île de Ducie, précise justement Robin, est exceptionnelle du fait de son emplacement, c'est le dernier lagon corallien avant le Horn et sa richesse est infinie ». La protection, c'est le but premier de toute réserve. Pour le *Marine Reserve Project*, il s'agit aussi d'« attirer des équipes scientifiques et du tourisme non destructeur ». Après une mission du *National Geographic* en 2012, l'équipe du *Tara* a été l'une des premières à profiter de cette opportunité sur l'île de Ducie, encore pratiquement intouchée. En 2016, l'explorateur Yan Chavance, en mission à bord de *Tara*[133], notait que l'île, très basse sur l'eau,

---

132. Source Rapport Solomon.
133. *Tara* est une goélette dédiée à l'exploration marine à des fins scientifiques et/ou écologiques pour le compte de la Fondation Tara Océan. Son objectif est notamment de développer une expertise de haut niveau afin de prédire, anticiper et mieux gérer les risques climatiques, expertise qu'elle met au service de missions pédagogiques ou de formation pour les jeunes générations, mais aussi pour les décideurs économiques ou politiques. La goélette *Tara* a déjà parcouru plus de 450 000 km autour du globe. C'est l'ancien bateau de l'explorateur Jean-Louis Étienne, qui continue de mener des missions pour la fondation.

XI. Un grand parc pour l'humanité, un petit piège pour Pitcairn...

était un atoll de corail, sans arbre ni terre, «juste du corail et de la mangrove». La mission initiée par la Fondation Tara s'est d'ailleurs révélée essentielle pour les Pitcairners eux-mêmes, afin de renseigner un peu plus précisément la faune et la flore de Ducie, que, finalement, personne ne connaissait. La première difficulté de Yan Chavance a été de débarquer sur l'île. L'absence de passe empêche les bateaux de pénétrer dans le lagon et les vagues sont trop hautes pour envisager d'accoster avec une annexe. Décidément, l'inhospitalité est une manie dans l'archipel Pitcairn! Une seule solution : se jeter à l'eau avec un radeau de bonbonnes étanches contenant l'essentiel de ce qui allait assurer sa survie pendant quelques jours. Une fois débarqué, le jeune Robinson s'est d'abord préoccupé d'installer un petit camp de fortune aux abords de la rive, puis s'est lancé à la découverte de l'atoll. Il a répertorié de nombreuses espèces d'oiseaux et de crabes, vérifié la teneur corallienne des sols, analysé la nature de la végétation, pris des pages de notes, enregistré tous les bruits de l'île... Surtout, il a pris des photos qui permettent aux Pitcairners de confronter la faune et la flore de Oeno à celle des autres îles, mieux connues et documentées.

Au total, la zone de la réserve marine de l'archipel s'étend sur 830 000 km² autour de son cœur battant, la seule île habitée de ce territoire marin : Pitcairn. Cette zone constitue le deuxième sanctuaire marin du monde. En 2016, les Pitcairners ont salué l'événement par une cérémonie de lever du drapeau sur la place d'Adamstown, comme pour le jubilé de la reine. Jonathan Sinclair, Haut-Commissaire à l'époque a déclaré[134] que les habitants étaient «enchantés» de cette initiative : «Ils soutiennent le projet depuis le départ, ils conservent leurs droits de pêche autour de l'île.»

---

134. *ABC Radio Australia*, septembre 2016.

Au fait, comment surveille-t-on un espace grand comme la France et l'Espagne réunies? L'un des enjeux cruciaux pour les immenses réserves marines du Pacifique ou de l'océan Indien est bien le contrôle de la zone. L'exemple des îles Kiribati est éloquent à ce sujet. Le grand archipel situé au croisement de l'équateur et de la ligne de changement de jour, au milieu de l'océan Pacifique, a réussi à mettre sur pied en 2010 une zone protégée de plus de 400 000 km², soit la moitié de la zone de Pitcairn. Mais les différentes coupes dans le budget de fonctionnement, la corruption, la pression des braconniers ont considérablement réduit les moyens de l'administration et du contrôle de l'étendue du parc. Résultat? Comme on n'était capable de contrôler qu'une toute petite partie de la zone, les autorités, bien aidées par des avalanches de pots-de-vin, ont décidé d'autoriser des droits de pêche dérogatoires dans les zones qu'elles ne pouvaient surveiller. Pour finir, seuls 5 % de la réserve marine sont réellement interdits de pêche industrielle. Sur les 95 % restants, des licences sont accordées plus ou moins légalement à des flottes appartenant aux grandes puissances du Pacifique, le Japon, les États-Unis, mais aussi la Corée ou la Russie. Lors de certains survols de comptage, l'UNESCO a recensé jusqu'à quatre cents bateaux pêchant au même moment dans la zone. Et le système s'est complètement perverti, car le seul moyen de générer des revenus pour le parc est désormais la vente de licences dérogatoires de pêche. Atteignant un montant cumulé d'environ 30 millions de dollars par an, ces rentrées de cash ont fini par constituer plus d'un tiers des revenus du pays. L'initiative écologique du parc marin, dont les bénéfices étaient censés être réinvestis dans la lutte contre la montée des eaux, véritable menace à très court terme pour le pays, a donc été complètement détournée de sa fonction de protection. Elle n'a, de plus, généré des emplois qu'à la marge, et toujours attribués par copinage ou corruption.

« Rien à voir avec ce qui se passe ici », assure sincèrement Robin. Certes, on peut penser que l'Angleterre, puissance de premier plan aura les moyens de sa politique et que la réserve pitcairner ne sera pas soumise aux mêmes menaces mafieuses. Les licences dérogatoires de pêche seront accordées selon des règles plus transparentes et bien moins prédatrices pour l'environnement. Par ailleurs, les contrevenants s'exposeront à de très fortes amendes. Surtout, ce sera un véritable casse-tête pour les braconniers d'échapper à la surveillance de la police du parc qui utilise des techniques de pointe. Testé dès 2015, le contrôle de la zone par drone est une innovation très efficace : « C'est le premier parc au monde à fonctionner de cette manière et c'est redoutablement efficace », confirme Robin. La plateforme de surveillance, qui porte le nom de *Eyes on the sea* et combine une surveillance traditionnelle des côtes avec des satellites électro-optiques, un contrôle radar et une batterie de drones dérivants permettant une analyse en temps réel des données, était « la condition de la réussite du projet de parc » selon les autorités anglaises. De fait, l'analyse de la période d'essai qui a duré dix mois a permis de détecter la présence de cinq cents navires environ parmi lesquels seuls huit ont fait ensuite l'objet d'enquêtes d'approfondissement pour des soupçons de pêche en zone illégale. Donc, la réserve, ça marche ! Pour le financement de ce système très couteux, l'Angleterre n'a pas été seule à mettre la main à la poche. Des organisations non gouvernementales ont été partie prenante, parmi lesquelles une fondation... suisse[135] qui a financé une partie

---

135. La Fondation de Conservation marine Bertarelli, en association avec l'ONG de protection de l'environnement Pew Charitables Trust, a payé la fabrication et les essais du drone.

de la fabrication du drone marin de surveillance. «Nous avons quand même payé 35 millions de dollars australiens»[136], s'insurge Robin Clarke. Certes, autant que l'équipe de Leeds l'an dernier pour s'assurer les services d'un avant-centre serbe. Une paille en regard des retombées prestigieuses du projet et de la technologie de pointe qui est à l'œuvre.

Les Pitcairners, eux, se sont vu reconnaître un statut d'«actionnaires putatifs» du parc. «Et ils tirent, selon Robin, une vraie fierté d'être les propriétaires coutumiers de l'île et des eaux qui l'entourent». Ce qui n'est pas tout à fait l'avis de Randy qui confiait récemment à un journaliste néo-zélandais à propos de cet honneur que : «ça, on s'en branle, on aimerait que le parc crée des opportunités pour nous».

De fait, leur souveraineté sur la réserve est symbolique.

Menaçants, les grands opérateurs de tourisme australiens ou américains s'intéressent depuis longtemps aux eaux translucides et aux palmeraies inoubliables d'Oeno ou Ducie. Ces îles inviolées n'étaient pas à l'abri de subir un jour le sort de Tetiaroa, l'île vierge à quelques heures de mer de Tahiti, achetée par Marlon Brando et aujourd'hui occupée par un hôtel cinq étoiles, accessible par avion privé, désormais totalement située hors circuit économique polynésien. L'installation d'un hôtel cinq étoiles sur l'une de ces deux îles représenterait un désastre d'un point de vie écologique. Au moins, si l'on se fie à la promesse anglaise, le parc de Pitcairn atteindrait cet objectif de préservation de l'environnement.

Mais les Pitcairners en attendent bien plus.

Dès le début des négociations, la préoccupation locale s'est développée suivant deux axes. D'abord, il s'agissait d'obtenir une

---

136. Environ 20 millions d'euros.

XI. Un grand parc pour l'humanité, un petit piège pour Pitcairn...

garantie encadrée de prélèvement halieutique, un droit de pêche. Les Pitcairners pêchent désormais plutôt par agrément que pour assurer leur survie, mais c'était bien le moindre ! Ce droit de pêche étant assuré dans la limite des 12 milles autour des îles et du pic sous-marin du 40 Mile Reef[137], il s'agit maintenant de faire fructifier le capital écologique que représentent les mille deux cent cinquante espèces marines du parc.

Les Pitcairners ont tenté de négocier des droits d'entrée sur les activités scientifiques ou touristiques dans le parc. Cette affaire est aujourd'hui toujours en suspens et l'administration ne communique pas sur ce sujet, mais les habitants ne perçoivent encore que des entrées très négligeables. Et puis, aucun début de réponse n'est apporté au véritable problème de Pitcairn : l'enjeu démographique et la disparition pure et simple qui menace la population de l'île.

« Pas tout à fait », rétorquent les autorités du Haut-Commissariat, puisque le *Marine Reserve Rapport* pointe également, dès la première rédaction du projet en 2014[138], que « la création d'emplois dans le tourisme et la conservation du parc pourrait jouer un rôle clé pour encourager des adultes actifs à rester dans l'île et même favoriser la venue de nouveaux immigrants. » Et voilà que ressurgit, même si l'on sait que les « retours au pays » sont rarissimes, le mythe social de la remigration de Pitcairners partis à l'étranger.

Au final, la bouée de sauvetage des mutins, leur espoir le plus fort, c'est le tourisme. Il est vrai que le potentiel est énorme.

L'une des activités les plus intéressantes, et potentiellement prometteuses à développer à partir de Pitcairn, est l'observation des baleines. L'archipel est un lieu de passage permanent des

---

137. Le 40 Mile Reef est un récif corallien non affleurant donnant espace à un haut-fond, au milieu de l'archipel Pitcairn.
138. Source Rapport Solomon Pitcairn Island, *Economy review.*

grands mammifères en route vers ou en provenance de l'Antarctique. L'activité requiert une base d'investissement, que l'île ne peut supporter qu'avec l'aide de l'Angleterre, qui consisterait en une base terrestre, deux bateaux, des équipements individuels pour vingt à trente personnes, et la mise en place d'une logistique légère (repas, transports, etc.). Rien d'insurmontable assurément et il serait alors possible de «raccrocher» quelque tour-opérateur polynésien disposé à commercialiser l'aventure... Rurutu dans les Australes françaises est un modèle en la matière. L'île du mont Manureva a connu un joli développement dans les années 2000 grâce à l'observation des pachydermes marins, sans pour autant abîmer ses paysages sauvages ni subir à longueur d'année des invasions touristiques telles que cette activité en connaît en Basse-Californie ou à Bora Bora. L'incidence de cette activité est énorme. Outre la satisfaction des candidats, elle génère des activités annexes facilement déclinables à Pitcairn, dans lesquelles s'insérerait aisément la population locale : balades dans l'île en quad ou à pied, visites des ruches, du Musée, plongées sur l'épave de la *Bounty*, découverte de la gastronomie, de la culture, de l'histoire locale par l'entremise des Pitcairners eux-mêmes et, évidemment, les sempiternels tee-shirts Pitcairn et les répliques sculptées de la frégate... Autant de pistes d'activités qui impliqueraient directement Darralyn, Turi, Brenda, Pawl et les autres, et dont les bénéfices seraient susceptibles d'être immédiatement réinvestis dans le développement de l'île. Un pas vers l'autosuffisance. Mais l'accumulation des conditionnels ne fait pas une réalité. Rien de tout cela n'a lieu. Le parc existe, les emplois et les bénéfices pour les Pitcairners, non.

Pourquoi l'Angleterre, qui peine déjà à favoriser le moindre plan d'immigration, ne s'investit-elle pas vraiment dans des projets périphériques de développement local qui ne réclameraient que

XI. Un grand parc pour l'humanité, un petit piège pour Pitcairn...

quelques dizaines de milliers de dollars d'investissements, par ailleurs susceptibles d'être attribués directement à l'île à partir des bénéfices du parc dont le bilan est pour l'instant inconnu ? « Ça va venir », répond en substance le Bureau de Laura Clarke, la Haut-Commissaire. Ça va venir... ou pas, car la voie qui se dessine est plutôt celle d'un tourisme haut de gamme que la Grande-Bretagne pourrait aisément mettre en place sans les Pitcairners.

Peut-on alors exclure que la perfide Albion ait d'autres objectifs que la survie de la micronation pitcairner ? Des objectifs économiques, par exemple, qui seraient parfaitement atteignables sans le concours des habitants ?

Et si la réserve marine n'était qu'un moyen de se débarrasser en douceur, ou plutôt en douce, du problème des Pitcairners tout en feignant de les aider ? Et si la Grande-Bretagne était en train de berner les Pitcairners, leur rejouant un tour pendable qu'elle a déjà utilisé, ailleurs, pour se débarrasser d'un autre peuple ?

Du nord au sud et de Louis XIV à Churchill, les peuples ont tous des constantes ontologiques identifiées dans l'histoire de leur diplomatie mondiale. Pour la France, « On ne se fâche pas avec la Russie »; pour l'Italie, « Si ça vient d'Allemagne, méfiance... »; pour la Grèce, « Ne jamais faire confiance à la Turquie »; pour les puissants en général, « Le droit des peuples à disposer d'eux-mêmes est inaliénable, mais il y a des exceptions »; pour les faibles en général « Quand le président américain parle, celui de l'île de la Grenade écoute »... Pour l'Angleterre, l'un de ces leitmotivs de commodité pourrait être : « Quand on a un problème diplomatique avec une île, on fait une réserve marine », à tel point que le pays du charbon est devenu, en additionnant les kilomètres carrés de mer protégée dans l'océan Indien autour des Chagos, l'Atlantique, autour de Sainte-Hélène, le «leader mondial du mouvement pour la protection des habitats», note le *Marine Reserve report*.

Lors d'un reportage, il y a quelques années, parmi la communauté des Chagossiens réfugiés dans les bidonvilles de l'île Maurice, j'ai pu vérifier que l'empressement du Royaume-Uni à créer des parcs ne répond pas toujours à des préoccupations seulement écologiques. Et même, l'écologie est bien bonne fille de se prêter à de telles manœuvres politiques. Acculé en 2003 par une décision de la Cour suprême qui honorait cette institution, le gouvernement de Tony Blair se voyait pratiquement dans l'obligation de «rendre» à ce peuple de l'océan Indien les îles qu'il lui avait volées au milieu du siècle dernier[139] afin de les vendre aux États-Unis, lesquels avaient le projet d'y installer la plus grande et la plus secrète des bases militaires du monde... On imagine la stupeur du couple Tony Blair-George Bush devant la décision de la Cour de justice britannique! Allait-on voir débarquer soudain des centaines d'îliens frappant à la porte de la base de Diego Garcia? Y aurait-il comme un retour ironique de l'histoire du jour où ce furent les soldats américains qui frappèrent aux portes des Chagossiens pour les enlever et les charger de force sur le *Nordvaer* à destination des plages de Maurice? *No way*! Il fallait, là aussi, trouver vite une «sortie de crise» radicale et politique... La réponse se fit en deux temps : tout d'abord, le gouvernement Blair obligea pratiquement la reine Elizabeth à signer un décret spécial, inusité depuis 1214,

---

139. Sur l'affaire des Chagos et le silence coupable des nations devant la déportation d'un peuple au début des années 1970, on peut lire le très beau *Silence des Chagos*, de Shenaz PATEL, L'Olivier, 2005. Et aussi *Chagos mon amour : quand Lisette Talate nous racontait Diego*, Françoise LABELLE, avec Jean-Clément CANGY, Éd. Makanbo/Trilingue, 2017. Les Chagossiens vivent aujourd'hui dans les faubourgs et les bidonvilles de Port-Louis, à Maurice. Malgré la décision de justice en leur faveur, ils n'ont aucune chance de jamais rentrer chez eux.

afin de casser la décision de la Haute Cour. Et puis, il fallut s'assurer définitivement qu'une nouvelle décision favorable aux déportés ne recréât le même dilemme diplomatique... La Grande-Bretagne sortit donc de son chapeau en 2010 un... immense parc marin qui sous prétexte de protéger la faune et la flore – dont on ne sait évidemment pas à quoi les ont exposées et les exposent toujours les rejets constants et la pollution de la base américaine – interdisait toute présence humaine – hormis celle des G.I. de l'Oncle Tom dans les parages. Ouf. À Pitcairn, pas question d'interdire l'accès de l'île aux Pitcairners, « enfin pas encore, dira Sue »... Il est vrai qu'au moment des *trials*, « et surtout pendant l'enquête », des rumeurs fantaisistes et complotistes ont couru, dont celle de la création d'une base militaire... On en voit mal l'utilité, surtout depuis que la France, le seul adversaire diplomatique dans la région, a renoncé à faire exploser des bombes nucléaires dans les Tuamotu et des bateaux de *Greenpeace* dans le port d'Auckland[140]. Mais le parc pourrait bien répondre à des intérêts anglais plutôt que pitcairners... D'autant qu'un autre projet économique pointe le bout de son nez dans le sillage de la réserve marine. Le CPTPP[141] est un gigantesque accord

---

140. Le 10 juillet 1985, les services secrets français font exploser à quai le navire amiral de Greenpace, le *Rainbow Warrior*, alors qu'il s'apprêtait à mettre le cap sur Mururoa où la France entendait procéder à une série d'explosions nucléaires sous-marines. Le photo-journaliste portugais/néerlandais Fernando Pereira trouve la mort dans l'explosion en essayant de sauver son matériel. Les agents français sont arrêtés et jugés publiquement. Une rocambolesque tentative de les faire évader n'est abandonnée au dernier moment que sur l'injonction de leur avocat Philippe Soulez-Larivière, qui refuse de prêter son concours à l'opération, estimant que la France s'est suffisamment couverte de ridicule. Les excuses officielles de la France à la Nouvelle-Zélande sont acceptées en 1986. Plus sincères, les excuses privées du colonel Jean-Luc Kister, qui a conduit les nageurs de combat et monté l'opération, sont présentées à la Nouvelle-Zélande dans une interview télévisée.
141. CPTPP : Comprehensive & Progressive Trans-Pacific Partnership. L'accord regroupe aujourd'hui l'Australie, la Nouvelle-Zélande, le Japon, le Chili, le sultanat de Brunei, la Malaisie, le Pérou, le Mexique, le Vietnam et Singapour.

de commerce international que l'Angleterre s'apprête à rejoindre afin de compenser sa perte d'influence économique en Europe due au *Brexit*. L'accord, qui prévoit l'abaissement des taxes douanières et nombre d'autres mesures de libre-échange, regroupe les plus grandes puissances de la zone économique Asie-Pacifique. Mais alors que vient faire l'île des pirates dans cet océan d'argent ? Eh bien, Pitcairn est la clé qui ouvre la porte du CPTPP. La seule possession anglaise du Pacifique, une île minuscule qui se prétend autonome, peuplée de condamnés, fait stratégiquement de l'Angleterre une puissance économique asio-pacifique. Dans une récente enquête pour le *Silk Road Briefing*, le journaliste Chris Devonshire-Ellis[142] va même plus loin : selon lui, l'objectif final des Anglais pourrait être le commerce avec leurs nouveaux amis des fabuleux gisements sous-marins de la zone d'influence... qui s'étend désormais à près d'un million de kilomètres carrés du fait de la création de la réserve marine. Certes, comme la pêche industrielle, l'exploitation minière est interdite dans la réserve, mais il suffirait de changer les termes du texte qui régit le fonctionnement du parc pour que les réserves de manganèse, d'or, d'argent, etc., soient accessibles aux foreuses anglaises et disponibles sur les marchés asiatiques. Bénéfice pour les Anglais : une augmentation d'environ 9 % pour la balance des exportations de l'Angleterre, soit de 10 à 14 milliards de livres sterling[143]. Bénéfice pour les Pitcairners : zéro, et qui se verraient vite dépassés par les événements, dédommagés pour quitter les lieux. Au mieux resteraient-ils « tolérés » sur leur île, récoltant à la marge les gouttes de mondialisation ruisselant des poches des

---

142. "Could the Pitcairn Islands become the New Asia-Pacific Hong Kong?", publié le 19 avril 2021 dans le journal d'infos business *Silk Road Business*, spécialiste des marchés asiatiques.
143. 9 à 13 milliards d'euros.

XI. Un grand parc pour l'humanité, un petit piège pour Pitcairn...

magnats internationaux des matières premières. Pire, dans la perspective de la signature de l'accord, Chris Devonshire-Ellis formule l'hypothèse, probable pour de nombreux observateurs, que Pitcairn devienne une sorte de *hub* international, une plateforme d'échanges munie, pourquoi pas, «d'un vrai aéroport international» à partir duquel s'organiserait tout le processus. Mieux encore, le statut de port franc de l'île autoriserait toutes les exemptions de taxes susceptibles d'attirer les habituels mafieux des paradis fiscaux. Quelle communauté, quelle culture locale, quelle entité humaine seraient capables de résister à une telle déferlante de capitalisme financier?

XII.
Pitcairn, pas les Pitcairners

15 août 2021, Paris

Il me revient le propos ironique de Tom, mon camarade lord en 2012 : « Le fait politique ultime révélé par l'enchainement des événements et des scandales des deux cents dernières années à Pitcairn est que chaque Pitcairner est une aiguille plantée dans le cul de Londres »[144]. Nul doute alors que le pays de Margaret Thatcher et Boris Johnson ne verrait que des avantages à libérer son royal séant de ces broches aiguisées.

Avec un ratio démographique de dépendance de 58 %[145], qui sera de 100 % en 2025, l'affaire est entendue, Pitcairn a peu d'espoir de retrouver un jour l'autonomie. Sue ne croit pas au miracle. Pas cette fois. Elle dit à haute voix ce que tout le monde sait et tait : « On

---

144. Interprétation libre et imagée de la formule anglaise *"a pin in the ass"*, « une aiguille dans le cul ».

145. Il s'agit d'un indice scientifique de mesure du vieillissement de la population sur une longue durée. C'est la simple division du nombre de mineurs par le nombre de plus de 65 ans.

crève ». L'abandon progressif de l'île par les derniers Pitcairners est la seule perspective réaliste...

« La perfide Albion a-t-elle vraiment pour objectif de dépeupler l'île de ses habitants tout en gardant la souveraineté sur le caillou de Pitcairn ? », demandé-je alors à mon lord révolutionnaire... « Tu ne peux pas le dire comme ça parce qu'il faut sauver les apparences, mais on va faire comme d'habitude, on va laisser faire, laisser passer, et on dira que c'était inéluctable ! » Au fond, l'issue semble encore plus limpide si on renverse les termes de la question : quel est finalement l'intérêt pour la Grande-Bretagne d'aider à faire revivre une micronation fondée sur un acte de rébellion à son autorité, qu'elle a laissée en déshérence, dont elle a même méconnu les crimes jusqu'à ce que quelques enfants de mutins ne lui donnent l'occasion d'une honte magistrale en se révélant au monde criminels, racistes, obèses et violeurs d'enfants ?

Nombreux sont en revanche les avantages à liquider cette poignée de pirates pour les remplacer par un haut lieu du tourisme pour milliardaires ou une plateforme financière. À Pitcairn, le tourisme huppé, qu'on prétend un axe de développement possible, ne sera pas la bouée de sauvetage que la petite nation maudite espère, mais un boulet que l'île s'attachera aux pieds avant de plonger. Sue le dit encore : « Quand le plus vieux sera mort ici, l'Angleterre enverra des profs de plongée pour milliardaires et des soldats pour garder je ne sais quelle route... » Et si l'île devient une plateforme financière, leur sort sera sans doute encore plus vite réglé.

En laissant mourir économiquement, culturellement puis physiquement les Pitcairners, l'ancienne puissance coloniale ne fait au fond qu'appliquer la vieille règle du néolibéralisme qui consiste à casser l'objet et prétexter qu'il ne marche plus pour le démembrer et le vendre à l'encan.

L'Angleterre se débarrasse d'abord des Pitcairners, comme naguère des mineurs du Pays de Galles, des pêcheurs du Dorset ou des métallos de Newcastle, parce qu'ils sont inutiles. Et comme un acte politique cynique ne vient jamais seul, le pays de William Shakespeare et Mick Jagger entend bien retrouver le prestige émanant de sa dernière possession dans le Pacifique sans y contempler sans cesse l'image de son mépris et de sa faute. Elle veut Pitcairn sans les Pitcairners, violeurs d'enfants et fauteurs de honte, qu'elle condamnera cette fois à l'exode, coupables ou victimes qu'ils soient. Les vainqueurs de l'Opération Parc et/ou de l'Opération commerciale qui succèderont à l'Opération Unique seront les Anglais. Les perdants, Pitcairn et les Pitcairners dont on aura diaboliquement géré les émotions et les bas instincts. Quand le dernier Pitcairner de la génération actuelle aura mis le pied sur un quai de Nouvelle-Zélande, quand le dernier enfant sera parti, quand la dernière tentative d'installation aura échoué parce qu'on n'aura pas voulu qu'elle réussisse, l'Angleterre pourra s'abriter derrière les mauvais sentiments des Pitcairners, leur racisme et leur bêtise pour justifier la disparition de la communauté. La réserve marine et les marchés boursiers seront la punition de Pitcairn. Quel retournement biblique !

L'Angleterre ne se venge pas vraiment… ou plutôt elle se venge par la bande, parce que c'est indispensable à son prestige et au commerce. Et les Pitcairners sont les idiots inutiles de cette vengeance.

L'île des confins du temps et de l'espace va expier ses péchés au nom de la baleine à bosse et des requins de la finance. Le capitaine Bligh tient sa revanche. Fletcher Christian et les mutins de la *Bounty* sont enfin punis.

Remerciements

Merci à Sue O'Keefe et Pawl Warren pour leur sincérité. Merci à Darralyn et au regretté Turi pour leur merveilleux accueil et pour avoir accepté de partager leur douleur. Merci à Charlene Warren, Brenda Christian, Mike Lupton, Andrew Christian et aux Pitcairners qui m'ont ouvert leur porte et parfois leur cœur. Merci à la courageuse Jaqui Christian. Merci à Robin Shackle et au bureau du Haut-Commissariat dont la banalité des propos m'a été un formidable stimulant! Merci enfin aux neuf pirates, débarqués un jour de 1790 sur cette île du diable, pour avoir nourri mon enfance de mythe et de liberté.

Table des matières

www.ingramcontent.com/pod-product-compliance
Lightning Source LLC
LaVergne TN
LVHW051157060726

842526LV00014B/3244